仏教興亡の秘密

仏教を導いた語りえぬものについて

保坂俊司

ぷねうま舎

装丁＝矢部竜二 Bow Wow

目次

II　ブッダと梵天——仏教の平和思想とその起源

序　章　「宗教」認識のギャップ

日本人は一般に、「宗教」に「無頓着」、あるいは「無関心である」と言われている。そして、「無宗教」であること、あるいはそのように自己認識することをあるべき姿、あるいは科学──日本では「宗教」に対置された──的であり、それこそが近代国家を支える、あるべき臣民の姿であり、あるべき精神である、と教えられてきた。その反対に「宗教」に頼ることには、なにか後ろめたさを漠然と感じるように教え込まれてきた。

しばしば話題になることだが、日本人は自らを「無宗教」と認識し、また他者にもそのように伝える。ところが実際、無宗教と名のるわりには、日本の至るところに寺院や神社があり、宗教的な行事やそれに則した生活も決して少なくない。しかし、このように多くの宗教施設を使用して宗教行事を行っているにもかかわらず、日本人はそこに「宗教」性を見いだそうとも、また認めようともしないのである。

というよりも、それを「宗教」とする、あるいはそこに「宗教性」を見いだすことを避けている、恐れているかのようなのだ。少なくとも、それらのことが宗教と無関係であるかのごとくに装っているのである。そして、この主に近代日本文化・社会に内在するねじれ現象が、日本人自身の宗教理解を大きく歪めている。逆に言えば、日本人の宗教に対する意識と世界的なその認識との間には大きなズレがあるということである。

「宗教が胡散臭いもの」、なんとなくマイナス・イメージを持つものという考えは、日本においては明治以降、政治的に造られた発想なのだ。それは「祭政一致」という、古代社会のようなイデオロギーからくる、「神道非宗教論」という明治政府の政策によって形成されたものなのである。

以下では、その過程を簡単にたどってみよう。

「宗教」という言葉の三つの源流

現在一般に流布している「宗教」という言葉は、英語の religion つまりはラテン語の religiō の翻訳語として説明される。ところが、この religion あるいは religiō は、後に示すようにその意味するところ、あるいは語源などでさえ、統一した見解というものは存在していない。

しかし、本書でまず問題としたいのは、日本語における「宗教」という言葉の語義である。というのも、この言葉の意味には、極めて特殊な意味が明治政府によって形成され、それが常識化し、現在の日本人の宗教理解に大きな問題を惹き起こしているからである。まず、「宗教」という言葉の成立史について中村元・川田熊太郎両博士の優れた研究を参考にして、少し検討しておくことにしよう。

一般に言われる宗教の語源に関する研究を整理すれば、「宗教」という言葉が持つ意味の起源には、二つの流れが考えられることとなる。その第一は、仏教語としての用法、ならびに意味であり、第二は西洋の religiō などの訳語としてのそれである。

しかし、筆者はこれだけでは不十分だと考えている。そこには第三の意味とも言うべきものがあり、そしてこれが最も人口に膾炙している意味なのだが、それこそが先にも触れた明治以降のイデオロギー的な宗教理解なのである。このイデオロギー的な理解こそが、現在の日本人の精神を形成している言葉であり、ここで言う「宗教」概念の持つ文化的な特殊性を、日本人であるわれわれがまず認識すること、そして他の地域の「宗教」という言葉とのズレと齟齬を修正することが大切だと考えている。

そのためには、明治以後の日本社会において「宗教」がいかに認識され、どのように機能してきたか、その視点から「宗教」という言葉の意味を検討することが不可欠である、と考える。つまり、第三の流れとしての明治・大正・昭和期において、極めて政治的・イデオロギー的に形成された、いわば和製語としての「宗教」の意味を問うことである。

以上に挙げた、日本語としての「宗教」の持つ三つの源流について、簡単に考察してみよう。そのために、今一つ前もって加えておくとすれば、こうしたイデオロギー的な宗教観の背景にあるのは、実は中国の儒教、特に朱子学であり、その影響下にあるものだということである。というのも儒教とは、権力者による民衆支配の学、つまりその視点に立って民衆をいかに支配するかという志向を核に持った、一種の支配を合理化する学だからである。儒教は、孔子の教えから始まって徹底的に支配者の教えであり、立身出世を目指した書生の道でもあったわけである。それゆえに、現世における権力の構築やその維持には不要な、いわゆる精神性や宗教世界は排除され、「怪力、乱心を語らず」(『述而篇』七―二〇)とされ、儒学にとってそれは不要な領域である、とされることになる。

孔子の時代から、現在の公務員試験の科目に類するものがあり、そこでは常識的世界の合理性が基本的対象となる。したがって中国では、儒教と道教が共存し分立して、それぞれの領域をカバーしていたのである。しかし、そこに仏教がもたらされると、儒教的合理主義では満足できない精神世界が意識にのぼり、そこでの救いの意味を中国民衆が自覚することになる。仏教が隆盛を迎えると、民族主義的な諸領域で、仏教に対抗しようとする動きが生じる。特に朱子学は、仏教の精神性と儒教の現実性とを結びつけ、中国の祖霊信仰と支配者への服従を合理化し、宗教としての儒教と呼ぶべき存在に発展してゆく。『朱家礼』という書物には、葬儀の際の階級別儀礼が詳説されており、それが朝鮮経由で徳川幕府のイデオロギーとして採用され、さらにそれが明治以来の国家体制の基礎として日本社会に植え込まれたのである。

現在の家制度や葬送儀礼には、実はこの朱子学由来のものが多くある。一般に明治以降の統治システムが目指したのは、西洋文明化であるとされているが、実は明治初期を担ったエリート官僚は武士階級出身であり、彼らの教養は朱子学であって、その基盤は中国的な文化なのであった。つまり、明治文化は一見すると西洋化であるとされるが、その実、民衆の道徳律や文化は、いわば武士化であり、朱子学化の面が強くあったのである。そして、こうした現象をインドでは、サンスクリット化（サンスクリタイゼーション＝下層民衆における文化変容の問題）と呼ぶ。下層文化が、上層文化を真似てゆくという現象のことである。

いずれにしても、明治の道徳律によって形成された道徳と称するものの多くは、武士が理想とした教えであり、文化であった。それを庶民にまで浸透させようとした結果、「怪力、乱心を語らず」式の教えが悪用され、仏教やキリスト教に対する消極的な排除傾向を具えた文化を形成したのである。特に、明治初頭の排仏政策は、日本の文化大革命と言っても過言ではない。ここでは、その点に踏み込まないが、明治時代の日本人は、西洋的な合理性と朱子学的な合理性との表層的な受容から、さらには神道を国家原理としようとした強烈なナショナリズムから、普遍宗教としての仏教やキリスト教を排除するために、当時の最先端の比較宗教学を利用して恣意的な宗教観を形成し、日本文化に宗教蔑視観を形成したのだと言える。

世界的に見て、極めて偏ったものと言える現代日本の宗教観の克服のために、以下では「宗教」という言葉に仮託された多様な意味を検討しつつ、日本人自身の健全な宗教性の形成に向けて、及ばずながら布石を打つことを試みたい。

仏教語としての「宗教」

そこで、漢字熟語の「宗教」という言葉の意味形成史からたどってみることにする。

宗教という言葉の検討については、中村元先生の厳密な原点に則した研究がある。本稿ではこれを簡単に紹介する。中村先生によれば、「宗教」という語は漢学や儒学の伝統では用いられることのない、仏教の専門用語・翻訳語であった。そして、この仏教用語としての「宗教」という言葉は、次のように合成語として生み出されたのである。


宗と教という二つの語に分けて考える場合に、その原語をたどると、『楞伽経《りょうがきょう》』という経典の中が重要であるとされる。同経典では、宗教を二つに分けて、〔1〕一つは究極の根本の道理（siddha~nta-nāya）であり、〔2〕他の一つは教えを説くという道理（deśana~nāya）である。

そして、〔1〕前者は「宗」とよばれ、〔2〕後者は「教」とよばれる。
〔1〕その根本の道理、つまり宗というものはみずから体得さるべきものであり、文字・言語・思考を離れ、汚れのない境地に赴かせるものであるということを特質としているという。
〔2〕他方、教えというものは、仏典に説かれているような、言葉による教えであるという。
（「宗教という訳語」『学士院紀要』）

こうして、仏典において「宗」は絶対の真理であり、それは「不可説」、あるいは「一切は実なり……」という意味を表わすこととなった。また「教」は、この真理を言葉に表現して、「教える」という意味となったのである。つまり、言葉を超えた真理を、仮に言葉というかたちで表現するということが、仏教的な「宗教」の意味なのである。

ところが、さらに後には、前述の「宗」と「教」の相違を明確にし、それを哲学的な体系の中に組み込むようになった。特に華厳宗は、諸宗の統一的な融合を標榜する「五教十宗」の教判思想を唱えて、「宗教」の語は「宗派の教義」というほどの意味に用いるようになった。そして、この「宗教」が religion の訳語として採用されることになる。

翻訳語としての「宗教」

周知のように、現在の「宗教」という言葉は religion の訳語であるが、この言葉が訳語として初めて用いられたのは、鈴木範久の研究によれば、「一八六八年〔明治一〕閏年四月三日にアメリカ公使から外国事務局宛に寄せられた文書」ということになる。そして、この religiō の西洋における意味を探ると、次のようなことが浮かび上がってくる。

西洋における religiō に関する語源論争は、つとによく知られている。つまり、religiō の語源については、二つの大きな解釈が存在している。その一つは、キケロ説による legere〔集める〕説とラクタンティウスの ligare〔結ぶ〕説とである。そしてキケロの説では、religiō（re + legere ＝再び集める）を、「祭祀に対して細心な、儀礼に二の足を踏む。あるいは、祭儀を忠実に再現するために注意深くなり、また、その祭儀実行のための知識を集め、誤らぬように注意深く意を注ぐ」ということとされる。他方、ラクタンティウス説（re + ligare ＝再び結ぶ）は、神に背いて離れた人間を、再び神に結びつけたのはイエスであり、彼の教え〔宗教〕が再び罪人たちを神に結びつけた、という解釈となる。これは明らかにキリスト教的な語源解釈である。

もっとも、語源的には問題はあるが、キリスト教信仰の一般化後は、後者すなわちラクタンティウスの解釈が趨勢となる。西洋では近代まで宗教とは、キリスト教のことであった。しかし、前者も忘れられたわけではなく、ヨーロッパでは長い論争が両者間で闘わされた。そして、今日の研究では、「宗教の語源は、恐れや、畏敬の念を表わす言葉から生まれた」と解釈されている。

いずれにしても、明治の初期に「宗教」という言葉を religiō の翻訳語として当てたがゆえに、従来にまして「宗教」という言葉は、その意味の複雑さ、あるいは曖昧さをいっそう増すこととなったわけである。しかし、この時点では、両者に「語りえない何かを言葉にする」こと、それが宗教であるという共通性が見いだせる。しかし、さらにこれに不自然なイデオロギー的な宗教観が加わることになる。このことが日本人の宗教理解に大きな混乱を持ち込むことになった。

イデオロギーとしての「宗教」観

「宗教」という言葉自身は、当初翻訳語にしろ仏教語にしろ、一般的な言葉として広く普及していたものではなかった。むしろ、「宗旨」という言葉が一般的であった。この「宗教」が、一般化するに至るまでには、相当の紆余曲折があったようである。そして、その結果として、今日の漠然とした「宗教」観が形成されたのだ。

さて、「宗教」という言葉が一般化するようになるには、自己の「宗教」について、客観的に把握できるだけの精神の成熟が必要とされる。日本でそれが可能となったのは明治も一〇年代以降になってからであった。それまで明治政府は、狂信的な神道主義を掲げ、仏教を弾圧(廃仏毀釈)し、キリスト教を敵対視するといったあり様であった。ところが、仏教への弾圧が、キリスト教徒の急増を招くや、一転して仏教界を懐柔してキリスト教に対抗させようとする政策に転じ、仏教を急遽、条件つきで保護するということになった。

しかし、明治政府は、神道原理をもって政府の正統性を権威づけていたから、神道を、宗教として仏教やキリスト教と同列に論じることに、強い政治的危機感を募らせたのである。つまり、明治政府は近代国家を標榜していたが、その実、現代的な意味では神道原理主義——いわゆる復古主義——であり、神道を絶対視して政府を造ったがゆえである。しかし、神道だけを保護すると、西洋諸国から排除されるというジレンマがあり、そこで考えついたのが、当時最先端の宗教の科学としての宗教学を利用した神道の非宗教化という政策であった。ここに日本的な特徴、あるいは特殊性のある「宗教」観形成の原点があったのである。

宗教は劣った人間の信ずる迷信

では、神道を非宗教としたことが、どのような意味を持つことになったのかについて、以下で検討してみよう。

日本近代の特徴である民族主義を基盤とする神道の非宗教化は、

余輩は、神仏の事に付き甚だ不案内なれども、識者の言を聞けば、神道は決して宗教に非すと言へり。また古来の習慣においても、仏者は三世の因果を主義に立て、未来の禍福を説き、専ら死者の為の如くなれども、神道は唯現雅に在って、過去の神霊を祭り、その徳に報じて現世の人の幸福を祈り、専ら生者の為にするのみなれば、決して宗教には非ざるが如し。（中略）今より（明治十四年頃）更に神仏の区別して、日本の宗教は仏法なり、神道は宗教にあらず。

と言った福澤諭吉の言葉に代表されるような意識を前提とし、

……彼ノ神道ナル者ハ実ニ宗教ト称ス可キモノニ非ズト、……我輩ハ神道ナル者ノ決シテ宗教ニ非ズ、（瞿雲）ゴータマ・基督ノ教法ト並立ス可カラズ、強テ之ヲ宗教ト看做スモ、其ノ経典ノ教旨ヲ説キタル者無ク、其ノ無形ノ人心ヲ管制シテ信仰セシム可キ者ニ乏シク、其ノ体裁ハ全ク王室ニ附属シテ宗廟ノ祭祀ニ奉ズルニ適当ナル者ト断案スルヤ久シ。

というナショナリズムに支えられていた。こうして神道を「宗教」ではないとしたために、「宗教」という言葉に本来含まれるべき要素が、その言葉から切り捨てられたのである。つまり、祈りと鎮魂と祭りという行為も、神道として行えば宗教行為ではなく、同様なものを仏教と銘打てば宗教行為となる、ということなのである。詭弁の部類には違いないが、他方でどんな宗教にも自己絶対化は存在するので、これはその意味で仕方のないことではあった。ただし、ここで神道の非宗教性を当時の最新の宗教学を用いて、あたかも合理的であるかのように主張しているところに問題がある。つまり、自らに都合のよいところだけを、声高に主張するという姿勢である。因みに、神道のように経典も組織もない宗教は、民俗宗教レベル、未開宗教レベルでは数多く存在する。しかも、望ましくないことに八世紀以来、日本の仏教と神道とは習合しており、両者の区別はほとんどつかない。なにしろ天皇の葬儀すら孝明天皇の改葬――最初は仏式で、のちに神式に改めた――までは、聖武天皇が象徴的であるが、ほとんど仏教式だったのであるから、民衆には神仏の区別はつかなかったはずである。

ところが、そこにおいて神仏分離を強行し、同じ儀礼でも、かたや非宗教、かたや宗教とするのだから、混乱しないわけがない。しかも、神道の祭りは道徳的で立派な行い、同じ行為でも、仏教が行えば宗教的であって、迷信であり、劣ったものの行為となるとするのだから、行う方は混乱する。

さらに悪いことに、この混乱に拍車をかけたのが、聖戦を叫んで惨敗した第二次世界大戦後の日本の教育であった。おそらくアメリカ人の強制もあったのだろうが、「狂信的な宗教教育、つまり神道教育を改めさせて、民主教育を行う」というわけで、神道を宗教であったとしたのである。いわゆる国家神道である。その上、国家による宗教への関与を一切否定したので、民衆にしてみれば、今まで神道は宗教に非ずと思っていた、その神道も宗教、言い換えれば人々をたぶらかす迷信程度の存在としての宗教であったということになり、民衆は、かの悲惨な戦争を惹き起こした原因が、この神道精神による宗教教育にあったとして、ますます「宗教」を忌み嫌い、危険視するようになった、と筆者は考えている。

しかし、それは宗教の責任ではなく、日本の宗教教育の誤りであり、行き過ぎであったというべきなのである。それゆえに、近代以降のイデオロギー的な宗教解釈を改めれば、宗教本来の、少なくともグローバル・スタンダードとしての宗教理解はできると考える。

人の幼稚なるや、自主独立の力なくして専ら父母若くは他の長老に依りて生長するを得、智識上に於ても亦此の如く、脳力の孱弱なるものは、偏に他力を頼み、却て自力の他力に勝ることを知らざるなり、宗教的信仰を脱却すること能はざるものは、児童の未だ母乳を廃すること能はざる薬が如く其自埼の不足を表白するものなり。

という宗教観ではなく、宗教は人間が生きるために不可欠な精神的活動の一つであるとして考えられるのである。

グローバル・スタンダードの宗教は

すでに触れたように、日本においては、「『宗教』は、精神的あるいは肉体的、そして経済的・社会的等々において何らかの意味でコンプレックスを持つもの、弱点を持つものが『たよるべきもの』」という文化的な共通理解が生み出されていた。もちろん、その反対は神聖な国家——当時は、日本は神国と強く認識された——であり、それを担う人々は、精神的・肉体的・経済的・社会的にも普通であるべきだと考えられた。したがって一般の人々には、「宗教」に頼る人は、精神等々に問題を抱え、神や仏にすがらざるをえない、「弱者」「未熟者」「能力の劣ったもの」というイメージを懐くようになったのである。

繰り返しになるが、この宗教観が日本の宗教観を大きく歪め、日本人の精神性を大きく損なう方向に導いたことは、重く反省しなければならい点である。すなわち、世界各地の状況を見れば明らかなように、「宗教」と呼ばれる精神活動を中心とする社会システムは、キリスト教・

イスラーム教はもとより、ヒンドゥー教であろうが、仏教であろうが、「日本人の考えるような『弱者』や『未熟者』の頼る」ものではない、ということは自明である。

否むしろ、宗教こそは、人間個人はもとより、社会全体に至るまでのすべてに深く関係し、個人から社会全体まで、トータルに精神的・肉体的救済を導き出す社会システムである、ということが言えるのである。この点において、「宗教とは神聖感、神秘感、威厳（畏怖）感等、特定の心的態度（価値体系）によって特徴付けられたる生活態度に基づく生活なり」（一七。括弧内は引用者の付加）という宇野円空の定義が、仏教やヒンドゥー教などアジア的な宗教を把握するのに適していると言えるであろう。

そして、宗教行為とは、「日常的な価値観を超える普遍（究極）的な目標（ニルヴァーナや浄土、あるいは天国へ至ること）の獲得を目指して、日常的に行う不断の行為」ということになるであろう。それゆえに宗教、特に健全な宗教は人間生活に不可欠である、ということが言える。すなわち、ヒンドゥー教の世界やイスラーム教圏で言われる、「ヒンドゥー教（イスラーム教）は、生活（生きかた）そのもの」という認識がこれにあたる。それは、個々人が「いかに生きるか。しかも、よりよく生きるか」というレベルの問題から、「社会全体が、いかにあるべきか」までをトータルに意義づけるもののことである。

これを、西洋哲学の一つのピークであるヘーゲルは、「全てこうした人間の諸種の関係・活動・享受の多様な形象とそれらの広汎な錯綜、人間にとって価値を有し、尊重に値するすべてのもの、人間がそのうちに幸福や名誉や幸福を求める一切のものは、その最後の中心点を宗教の中に、すなわち神の思想、神の意識、神の感情の中に有する」と表現している。つまり、宗教は個々人の内面（精神）的な問題のみならず、個人と他者とを結ぶもの、言い換えれば個人と社会との関係性を形成するものであり、それは個々人の内面的な救済のみならず、個人の他者への働きかけ、つまり社会への貢献など（その逆も）をもともなうものである、ということである。したがって、宗教の捉え方は多様でありうるのだ。そしてこれは、未開社会以来の宗教の社会的な機能が、発達し複雑化した社会においても基本的に同じである、ということなのではないであろうか。

ここで、宗教を矮小化してきた明治以来の日本近代を支えた宗教観を——そしてそれは西洋における近代的思考と通底するものだが——を考えれば、そのあまりに偏狭な理性中心の考え方の行き過ぎが解る。というより、こちらの方が迷信的、少なくとも非合理的ではないだろうかとさえ思える。*

＊　なお、このように宗教の存在を軽視し、無関心を装い続けるがゆえに、宗教に関する正確にして的確な知識を具え、判断のできるようにする教育に関しても、そうしたことへの関心は一向に盛

り上がらない。その結果、客観的、否、常識的なレベルから見ても未熟、あるいは極端な主張を掲げる教団や、半ば犯罪レベルの行為を宗教の名の下に行う教団に簡単に取り込まれ、本人もまた家族も、さらには社会までも不幸にしてしまう事例が多く発生する。そんな事態が発生するのも、ここに大きな原因があると気づく必要がある。このような宗教をめぐる不幸な事例を減少させるための第一歩は、ここから始めなければならないのではないだろうか。

他宗教の「宗教」という言葉

現代の辞書を見ると、インドにおける「宗教」という言葉に当たるのは、ダルマ（Dharma）である。ただし、この点に関しては中村元先生が検討しているように、おそらく西洋の言葉である religion の翻訳語としてこの言葉をあてたものであろう。Dharma は、ネパール、ブータン、スリランカ、ビルマ、タイ、パキスタンなどでも「宗教」の訳語として、あるいは正しい宗教を意味する言葉として用いられている。

さて、ダルマは本来、「持《たも》つ」という意味であり、「人を人として持つ」ものを意味する。したがってこれは、「人の道」という意味合いともなり、漢訳仏典では「法」と訳された。つまりダルマは人の道でもあり、倫理（義務）的なものでありうるし、「法（秩序・習慣）的なもの」

でもあるのである。

しかし、こうしたダルマの意味が成立するためには、これらの規則性を成立させる究極の根底、根源が不可欠である。そしてそれが、ダルマの真の意味である、と言ってもよいであろう。それは、人間を含めた世界を根源的に支える、あるいは貫く理法（超越的な存在）なのだ。そして、この理法（法則・定理）に気づき、日常生活において実践することが、悟りということである。インドの最高の存在は、このように抽象的な理法・法則として認識される。そしてこの理法（ダルマ）とは、根源的な真実（satya ＝サトヤ）と同義であると考えられていて、人間の目標はこの真実との一体化、あるいはそれを獲得することだとされる。これがインドにおける救済であり、その方法を含めて言語化し、またそれを獲得するための方法論を伝えたのが、いわゆる宗教であろうという認識なのである。

一方、イスラーム教では、一般にディーン（dīn）が宗教と訳される言葉である。この言葉は、負債や義務（dinu）と同じ語源の言葉であって、『コーラン』にも「神から貸し付けを受けるものはいないか」というような表現がしばしば見られるが、ここには、宗教は「何か重要なものを神から借り受ける」というようなニュアンスからきている言葉と理解できる。

キリスト教における宗教は、アダムとイブが裏切り、壊してしまった神との信頼、そのことによる救済の約束の破棄、そして楽園からの追放という悲劇を、イエス・キリストが自らを犠牲として捧げることで、再び取り戻した結果としての救済の再興ということを意味する。つまり、神が人間の罪を許し、新たに救済の条件を与えてくれた。そして、その内容がキリスト教の教理であり、宗教なのである。したがって、キリスト教における宗教は、「良い知らせ（福音）」と呼ばれるのである。

日本の場合は、「カン（ミ）ナガラのミチ」（神祇道）と呼ばれたものが、宗教ということになるであろう。しかし、「カミ」という言葉は、従来カミ（髪の毛）、カワカミ（川の上流）、カミザと言うように、空間的あるいは精神的な上位を意味するとも解釈されていたが、最近の研究では、カミのミ音には甲乙音があり、上（カミ）は甲音で、カミ（神）の方は乙音である。この乙音のカミの語源は、大野晋博士によれば、タミル語とも通底するもので、「雷光、天国、王」などという意味があると言う。つまり、乙音のカミは、霊威を持つ支配といった意味であるらしい。いわば、より不可解な霊威を表現しているようなのである。思わず、カガんで（ひざまずいて）しまうような力、ないしは存在という意味となろうか。

ただ、ＫａＭｉという表現の子音Ｋ・Ｍに着目すると、日本語にも近いアルタイ・チュルク語においてもＫａＭｉと書いてカミを表現する。遊牧民のアルタイ・チュルク族の宗教、とりわけそのカミは天空にあり、シャーマンが呼び寄せるカミであるから、まさに天空におわす存在ということになる。

したがって日本のカミも、アルタイ・チュルク族同様に、遊牧的な神、つまり上方にあるカミを想定していたのであろう。その上方にあるカミと、「カミ・ナガラ」する。つまり「カミのごとく」する、というのが神道の意味であるとするなら、カミと一体化して、あたかもカミのごとくに、話す、生活する、というのが神道という宗教の意味となるわけである。

そうであるとすれば、カミに服従してその定めのとおりに生きる、というセム的宗教観も、定められた修行によりダルマと一体化する、という仏教の教えも、みな共通の地平を持つことになる。

I

仏教の寛容思想

はじめに

現代社会は、グローバル社会、高度情報化社会と言われている。この社会では、ＡＩ技術などを駆使することで全地球的包括を、つまり地球を一つの価値観やシステムで統合することを目指している。それが目標とするところは。人類のよりよい生活の実現であるとされる。たしかに、経済などの分野では全地球的な現象も見られるが、しかし、実際には民族、地域対立・紛争、宗教対立、そして貧富の差の極端な拡大と、必ずしも理想通りには進んでいない。特に、グローバル社会化にふさわしい秩序形成に不可欠な倫理思想、具体的には他者理解とそれを支える寛容思想の構築は、現代社会が直面する喫緊の課題となっている。

しかし、そうした課題への取り組みは遅々として進んでいない。それどころか高度情報化と、それに基づくグローバル化によって、かえって民族、国家、宗教、あるいは世代間に生まれた相互不信と対立、こうした背景を持つ紛争がより先鋭化し、多くの国や地域でかつてないほどの対立と紛争が、国家間のマクロレベルのみならず、民族、部族、地域社会そして個々の人間同士の、つまりミクロレベルにおいても深刻の度合いを増している。特に、アメリカのドナルド・トランプ大統領の出現と、その言動に象徴される自利国主義（自国利己主義）の流れは、世界の本流となりつつあり、世界各地で国家間の相互理解や相互扶助といった国際協調と相互理解の必要性を叫ぶ声は、差別や敵意の声にかき消されつつある。*

＊　民族紛争についての分析は M. Juergensmeyer, *The New Cold war?,* Unversity of California Press. 1993.（日本語訳は阿部美哉『ナショナリズムの世俗性と宗教性』阿部美哉訳、玉川大学出版部、一九九五年）。山内昌之『民族と国家――イスラム史の視角から』岩波新書、一九九三年。文明の対立という視点からはS・ハンチントン『文明の衝突』鈴木主税訳、集英社、一九九八年などを参照。

しかし、敵意や利己主義から生まれるものの乏しいことは、歴史が証明している通りである。むしろ、このような時代にこそ、相互理解と相互扶助のために不可欠であるはずの思想的な営みの研究が必要であろう。その意味で、相互理解とそれを支える寛容思想の重要性は、いっそう増すばかりである。つまり利己主義と偏狭な自利主義とが世界の趨勢となりつつある時代に当面しつつある現在だからこそ、平和的な社会構築のための新たな基礎となる倫理的な思想の構築が望まれているのである。

特に、自利的主張をおさえ、他者を受け入れ、相互に理解し合おうとする努力と、それを許し、求めるはずの寛容思想の構築は、この時代に即したものでなければならない。AI時代という新しいグローバル化社会に即したものの構築が喫緊の課題となっている。しかも、この寛容思想は、AI社会の特徴である、国家や地域、民族間の垣根を越えるのみならず、個々のAI機器を通じて直接的に結びつく時代に適応したものでなければならない。その意味で、より根源的かつ普遍的なレベルからの思想構築でなければならないのである。つまり、法律や道徳律にとどまらず、個々人の内面から国際法にまで通じる思想的な一貫性を具えていなければならないであろう。

いずれにしても、AI時代は、個人が情報を通じて直接に世界と結びつくことができ、またその発する情報が時に、社会や世界を動かす大きな可能性を持った時代である。それゆえに、このような時代に即した寛容思想の構築、さらにいえばAI社会において個々人のみならず、社会と、さらには国家間での相利共生関係の構築を可能にする寛容思想の探求が求められる。これこそ現代の思想研究者として挑戦すべきことである、と筆者は考えている。

特に、AIに特有の情報関連の大規模な拡散社会においては、情報の真偽の問題もさることながら、情報の匿名性と拡散性により、相互不信や敵意、憎悪の増大が、従来以上に急激かつ大規模に社会化する傾向がある。その中でも、特に価値観の違いから生まれる感情的な対立が、瞬く間に抗争や紛争に結びつく危険性は、これまで以上に深刻である。特に、価値観に深く関わる宗教と文化、さらにはそれらを総合した文明間の対立が、大規模な相互不信の連鎖を生みつつある。*

＊　この問題を宗教文明同士の衝突として捉えることはあまりにも短絡的であるが、この見解において否定できない点が、前出の『文明の衝突』が再び着目されているという事実からして、ある種の要因であることは否定できない。しかし、冷静に考えるならば、アンダッティ・ロイ「無限の正義の論理」『世界』二〇〇一年一二月号、岩波書店、一〇三―一一〇頁の言説は中立的であり、筆者はこれに賛意を表したい。

このような時代だからこそ、人類社会が直面する対立を超える倫理観、さらには思想の構築が重要となってくる。特に、人間同士の相互理解の根幹をなす寛容思想の意義を考えること、これには従前にも増して重い意味があると思われる。そしてそのとき、歴史的には個人同士、あるいは国家・社会の対立においてしばしば利用され、あるいは口実となった宗教の相違に端を発する拮抗と対立を超えるためには、同じく宗教レベルにおける、寛容思想に基づく解決の道が模索されるべきであろうし、またそこに解決のヒントが隠されているのではないか、と筆者は考える。

ここで、「寛容」という言葉に注目するのは、この寛容の思想の広がりが、単なる個人レベルにとどまらず、国家間の関係をも左右するものであり、宗教間の共存関係の構築にも重要な意味を持つと考えるからである。すなわち、宗教の本質は、これを信ずるものには心の平安や社会の安定を与え、つまり人間が幸福と感じる物質的・心理的要素を提供するものである、と筆者は捉えている。あるいは、少なくとも信者たちは、自ら信奉する宗教がそのような信徒の願いを、たとえ部分的にもせよ、かなえてくれると信じている。*

＊　宗教に関しては、多様な把握が可能であるが、一般的な宗教論は、キリスト教をベースとした西洋の宗教観を暗黙知としており、東洋的な事態とは多少齟齬がある。

さて、歴史的な視点から宗教を見ると、その多くは共同体祭祀から出発しており、そうした宗教は基本的に内向きである。つまり、他者認識においては自らを是として、他者を非とし、さらには野蛮人とするなど、本質的に他者の存在をその宗教構造の成立要因と認めないか、あるいはその埒外において無視するか、消極的に認めるかする程度にとどまっていた。つまり、民族宗教は自民族主義であり、それは血統や地域性を基準に閉じられた構造を持つ。少なくとも宗教学の一般理解では、普遍宗教との対比から、民族宗教はこのように理解されている。

一方、民族宗教の地域性、民族性つまり閉鎖性を超えて、すべての人間、少なくとも信者の平安と幸福を志向するとされるのが、いわゆる普遍宗教である。したがって普遍宗教は、民族宗教の人種・血統などによる完結性、地域文化などの内向きな限定性、つまり閉鎖性を否定し、外に向かうことを志向する。この拡大志向、外向きで開放的な教えが、地域や民族を超えて、これらの宗教が全世界に受け入れられた、つまり伝播・定着した理由と考えられる。

その意味で、いわゆる普遍宗教と呼ばれる仏教・キリスト教・イスラーム教の三教は、ともに世界中の地域や民族の壁を越えて信奉されることとなっている。そこで、この三教の研究は、グローバル時代の、いわば歴史的な先駆けとして、社会が構築すべき倫理観のヒントを内包しているのではないか、これが筆者の考えである。ところで普遍宗教は、民族宗教を土台とした後発の宗教であり、普遍宗教が生まれたときにはすでに民族宗教が存在しており、さらに普遍宗教は他地域への布教によって拡大する宗教である以上、宿命的に他者――異教徒、価値観を異にする集団――の存在を前提とする。しかも、その異教徒を自らの教えに改宗させなければ、自らの存在意義を示せない、発揮できない、その社会に存続できないという宿命を持つ。

それゆえに普遍宗教においては、既存の宗教との軋轢は不可避的であった、と言える。逆に言えば、他者への働きかけは普遍宗教の宿命だということである。したがって、その他者をどのように認識するか、また他者といかなる関係を結ぶかには、それぞれの普遍宗教の宗教的な特徴が端的に現われる、ということが言える。

以下においては、普遍宗教の典型である仏教を中心に、キリスト教やイスラーム教、さらには近代社会をも視野に置いて、「寛容」という言葉をキーワードに、ＡＩ社会にふさわしい寛容思想と、その倫理観を構築するための基礎を探求したい。

特に、仏教文明圏に属し、その文明形成の最初期から仏教文明を礎として、自文化・自文明を形成してきた日本社会は、近代以降そこからの影響を多少、弱めつつあるが、いまだに仏教文明の影響を顕著に残している。その日本文明の伝統に立って、世界に仏教という普遍宗教の教えに沿った日本的寛容思想のあり方を発信することは、世界人口の半数強を占めるキリスト教やイスラーム教のようなセム族の宗教のそれとも、またキリスト教の文明圏から生まれた近代文明下における寛容思想とも異なる、独自の思想的な可能性を持つという意味において、また自己主張が苦手な日本文明の下で、その意義を世界に発信するという意味においても意義のあること、と筆者は考える。

以下では、寛容思想の具体的な検討に入る前に、その準備作業として、用語としての「寛容」という言葉について検討したい。というのも、いわゆる「寛容」という言葉は多義的で、その定義に曖昧な点があるからである。まず、ここではその点を検証することから始めたい。

第一章　「寛容」の意味と多様性

1　「寛容」という言葉の意味が持つ問題点

急激なグローバル化によって、異なる価値観に対する寛容、特に宗教的な寛容は、現代社会においては、人類共通の価値としての位置を占めている。それは、平和、正義、人権、デモクラシーといった価値と類似して、一種の人類的な普遍性を帯びてきていると言っても過言ではないであろう。少なくともそうした認識が、ますます強くなってきている。

たしかに近代社会においては、異宗教間の共存に関して、「寛容（tolerance）〔ここでは toleration も含めるが、便宜上 tolerance に統一して表記する。以下同様〕」という言葉を用いて、価値観や制度、さらには宗教を異にする人々の平和的な共存関係を可能にする思想を表現し、これを寛容思想として近代社会の理想的な姿と認識することが一般的となっている。特に、宗教の平和的な共存を促進する立場を表現する場合に、寛容という言葉は当然のごとく用いられる。つまり、宗教間の対立や紛争などの反対概念、あるいはその状態を表現する言葉として、寛容という言葉は用いられている、と言うことができよう。

しかし、多くの先学が指摘するように、寛容という言葉が示す思想内容は多義的であり、その基本的な理解さえ一定していない。なぜなら、この寛容という言葉の意味形成においては、以下で検討するような社会背景が深く影響しているからであり、現在一般に用いられている寛容という言葉は、この複雑な社会背景によって形成された多義的寛容の意味内容への不十分な理解から生じる危うさを孕んでいるように思われるのである。例えば、インド思想研究者の間で議論されている、ハッカー（V. Hacker）の「ヒンドゥー教は寛容の宗教ではなく、包摂（Inkulsivismus）の宗教である」という問題提起に対して、インド学者がさまざまに議論しているが、彼らが基準とする寛容思想についての統一的な理解は、いまだなされているとは言えないようである。そのために、こうして提示した問題をめぐる議論も、うまく嚙み合っていないように思われる。

例えばハッカーは、西洋人の視点からインドの寛容思想を包摂主義と表現し、寛容思想とは異なるものとして批判的に論じているが、その背後にある自らの寛容思想の背景、つまり本章で簡単ではあるが検討するような西洋近代文明の特殊な寛容思想の限界性には、あまり注意を払っていない（V・ハッカー「包括主義」『インド宗教思想の多元的共存と寛容思想の解明』北田信訳、山喜房仏書林、二〇一〇年）。

もちろん、本章において寛容思想の統一的な基準を提示しようとするものではないことは言うまでもない。しかしここで、寛容思想研究に不可欠であるが、あまり注目されていない以下の二つの点を、まず簡単に検討することとしたい。

ここでは、現在、世界的に共有されている寛容という言葉が背後に持つ西洋近代文明的な意味の背景を検討することで、その限界性を明らかにし、その上でインドにおいて展開された宗教的共存（寛容）思想との比較研究を通じて、寛容という言葉に、非西洋的な可能性を付与することを目指している。少なくとも、その展望を示したいと考えていることが、まず第一点。つまりここでは、現在の寛容（tolerance）思想が暗黙の前提としている西洋近代（キリスト教）文明的な意味の限界性を超える、新しい寛容思想構築のための基礎作業の一つとなることを目指している。言い換えれば、これはそうした研究にしたいということである。そのためにヨーロッパ的伝統、特にその形成に大きな影響力を持ったキリスト教とは異なる、非ヨーロッパ的な宗教伝統を持つ仏教など、インド思想の知恵を探ること、またこの問題に対して日本文化の視点から考察を加え、AI時代という現代社会が直面する新たな人類共生社会の共通倫理の構築に、仏教ならびに日本の叡智を生かすための情報を提供し、その構築に貢献したい、これがここでの意図である。
そこでまず、筆者は日本語でものごとを考え、表現する日本人として、この寛容思想を検討する前に、日本語の「寛容」という言葉について若干の検討を加えたい。

2 寛容という訳語と tolerance との齟齬

まず、われわれ日本人が何気なく用いる日本語の「寛容」という言葉に関して、その意味を考えてみよう。まず代表的な国語辞典である『広辞苑』では、「1 寛大で、よく人をゆるし、いれること。とがめだてせぬこと。2 善を行うことは困難であるという自覚から、他人の罪過を厳しく責めぬこと。キリスト教の重要な徳目。3 異端的な少数意見発表の自由を認め、そうした意見の人を差別待遇しないこと」ということになる。

この『広辞苑』のわずかな説明からも、寛容という言葉の背景が明確になる。特にこの言葉がキリスト教と深い関係がある、ということが推測される。この点に関しては、後に触れることとし、まず言葉の全体のイメージについて考えてみよう。因みに1の意味は、漢字の意味からくるイメージにも通じるものである。この場合の「寛」という漢字は、「宀と萈とに従う。宀は廟。萈は眉に呪飾を加えた巫女。廟中の巫女が緩歌漫舞して祈るさまをいう」（白川静『字統』）という。つまり、中国の文明で最も重視される祖先祭祀において、祖先の廟の前で行われる巫女のゆったりとした歌舞に関することを意味しているというわけである。このときには、踊る方も、またそれを見る方も穏やかで、ゆったりとした気持ちになるというわけで、憎しみあいや争いなどの状況とは対極にあることとなる。

また『字統』によれば、「容」は祈禱の際に用いた容器のことで、入れ物という意味だから、寛容とは「大らかな心をもって、他人の言動などをよく受け入れる心持ちのこと」というほどの意味となろうか。しかし、入れ物はいずれいっぱいになるのである。つまり、どんなに「度量の大きさ」を誇っても、いつかは満杯になるというイメージである。実は、ここにこの熟語が表わす意味世界の問題点があること、これについては後に検討する。

ここでまず検討したいのは、この寛容という言葉が、tolerance の訳語として採用された時期や理由についてである。そこでまず寛容という言葉が、いつ頃からトレランス（tolerance）あるいはトレレイション（toleration）の訳語とされたのか、その歴史を簡単にたどってみよう。

これを知る手がかりとしては、最初の英和辞典として知られるヘボンの『和英語林集成』（初版、慶応三年、一八六七年）などが参考になる。参考のために系列語を含めて紹介すると、同辞書では tolerable ＝「かなり」「ずいぶん」「こらえられる」、tolerate ＝「ゆるす」「かんにんする」、toleration ＝「ゆるし」「めんきょ」（以上はすべてローマ字表記であるが、便宜上仮名表記にした）となっている。このときtoleranceという言葉が採用されていない点も注目される。

次に日本初の英和辞典『和訳英辞書』（明治二年、一八六九年）、いわゆる『薩摩辞書』では、toleranceは「堪忍」「免許」、tolerant「堪忍である」となっており、名詞形toleration「堪忍」「免許」となっている。これら明治初期の翻訳は、toleranceはいわゆる「寛容」とはやや異なる意味、後に明らかにするようにtolerance本来の意味を確実に表現していることが注目される。つまり英語のtolerance以下、その関連語の語源は、ラテン語のtolerantiaであり、このtolerantiaは、ラテン語のtrelō＝「耐える」「我慢する」「持ちこたえる」から派生した言葉であるとされる。したがって、『和英語林集成』や『薩摩辞書』はtoleranceの訳に、「堪忍」あるいは「許可」という言葉を当てたのであろう。

しかし、前述のように現在の寛容という言葉には、このtoleranceが持つ「堪忍」「認可」「耐える」というニュアンスは感じられない。なぜ、であろうか？　そもそもいつ頃からこの寛容という言葉が、tolerranceの訳語として採用されたのであろうか。現在のところその時期は特定できないが、多様と言うより混乱状態であった翻訳語を学術用語として確定させることに大きな役割を果たした井上哲次郎ほか編纂の『哲学字彙』（明治一六年、一八八三年）では、「寛容」「容任」「任由」としており、以後今日に至るまで、toleranceの訳語は、原則としてこれに従っている。

さて、井上たちが採用し、tolerance の訳語として定着した「寛容」という翻訳では、トレランスという言葉が本来持つ、以下のような意味を明確に表現することが難しいように思われる。つまり、もともと「辛抱」「耐」あるいは「許し」を意味する言葉である tolerance に、なぜ井上は寛容という訳を与えたのであろうか。というのも、この tolerance という言葉の持つ意味構造は、先に括弧で示したようにその主語は「私」であり、ある者が他者に向かい、一方的に地位や権利、信仰などの自由を与える、あるいは許すという片務的で、しかも上から下への垂直的な関係によって成り立つ構造を持っているからである。

たしかに、一方が精神的に大きな器を持っていれば、あるいは耐える心を持っていれば、この「寛容」、つまり心が広く、よく人々の意見を聞き、赦したりすることができるであろう。しかし、そこにある関係は、自分の心持ちにおいて最低限成り立つ、自己完結するレベルの、というものである。つまりトレランスは、他者との関係において、最小限の関心を、時には他者の存在を等閑視しても成立可能な状態を意味する言葉なのである。

したがって、トレランスの主体は「私」であり、その私が、相手の存在などに「耐える」、あるいは「許す（者）」ということになり、この私によって「許す」「耐える」状態が（tolerance）という言葉で表現される意味世界なのである。

ところが、このトレランスを「寛容」と訳したのでは、それが本来持つ基本的な意味である、私が「堪忍」「許可」「辛抱」するが十分に表現されていない。つまり、井上の訳語では、トレランスが持つ「許し（の寛容思想）」の側面が希薄化してしまう。つまり寛容という訳語では、トレランス（tolerance）の持つ意味世界、特にキリスト教世界における自己・他者の関係構造が曖昧になる。

さて、トレランスが持つ宗教的あるいは歴史的な意味の検討に入る前に、キリスト教と同じくセム的であり、特にセム的な宗教理念への回帰を目指したプロテスタント以上に、セム的な宗教理念を持つイスラームにおける「寛容」について、その言葉の意味を以下で簡単に紹介しておこう。

3　イスラームにおける寛容思想の構造

イスラーム――イスラーム教と表記する時よりも、より広く文明レベルの広がりを想定している――思想における「寛容」では、samuha（samha）という言葉がまずあげられる。このサムハという言葉は、「……を許す。……に権力を与える」という動詞であり、そこから派生するさまざまな言葉には、samuha「許す」「容赦する」「寛大に振舞う」から tasumaha「寛容である」「善意を示す」という言葉まである。また、同じく辞書的意味において寛容とされる

karrama は「尊敬する。栄誉を与える」という動詞であり、それが karuma では「寛大である。気前がいい」となる。

これらの言葉の意味を形成する背景は、すべて一方向性であり、それも高所にいるもの、あるいは優位に立つものが、目下の弱者に対して一方的に与えるかたちの恩恵として、これらの言葉が構成されていることがわかる。つまり、直線的で、一方的な許しの構造ということになる。このイスラームの寛容の構造をさらに典型的に表わしているのが、『コーラン』二―一〇九節の「彼らを許して、みのがせ」という部分に用いられる 'afwa「救済する。許す。免ずる」、あるいは ghafara「許す」であろう。これらの言葉は、大体においてイスラームにおける寛容性、つまり他者との関係における良好な関係を保つことを表わす語として用いられる。

しかも、このアラビア語には、イスラームの寛容の立場が明確に現われている。つまり 'afwa には、「相手の存在をまったく忘れて、心から忘却してしまうこと」という含意があり、また ghfara には「何事もなかったように包み隠す」、つまり「すべてを呑み込んで、そのまま許す」という発想がある。これらは tolerance 的な寛容に通低する構造を持つものである。それだから 'afwa にしても ghafara にしても、その近接語に afara「塵で覆う」、ghazzay「覆う、包む、隠す」があるのである。

これを前述のような立場から解釈すると、イスラームにおける寛容思想のスタンスは、他者、特に彼らが忌避する異教徒（カーフィル）であろうとも、その存在を見て見ぬ振りをして、その生存や存在を見逃す。つまり、「塵（砂の方が近い？　日本的ならば雪）が一切のものをそのままに覆い尽くして、あたかも見えなくするように、他者の存在をないものとして許す」（『コーラン』二―一〇九注釈。日本語）ということとなる。

　これが、実質的なイスラーム教の寛容の立場を表わすものと理解されるが、その典型にすべてを遍く許す、「大寛恕者 ghafala（アラーの九九ある名称の一つ）」の存在が強調される。このように、典型的なセム的一神教であるイスラーム教の他者認識は、常に一方的に「許す」「耐える」という「許しの構造」を中心とする、片務的かつ垂直的他者認識の構造になっている。この構造は、前述の tolerance にも共通する構造と言えるであろう。

　いずれにしても、インドにおいて繰り広げられたイスラーム教徒の支配にあっても、常にイスラーム教徒の軍事的あるいは文化的優位を前提として、ヒンドゥー教徒や他の宗教に対する、いわゆる寛容が議論されたのである。つまり、イスラームにおいても「許しの寛容」と言える構造によって、異教徒ヒンドゥー教徒との「寛容の共存関係」が形成される構造となっているのである。* ところで、なぜセム族の宗教の下では、寛容が宗教と結びつくのであろうか？（それは、セム族の宗教特有の厳格な一神教の構造、筆者は特にこれを〔排他的〕一神教として、いわゆる汎神論的な一神構造と区別している）。

そこで以下では、「許しの寛容」の構造が最も明確に現われており、かつ日本語の寛容という言葉の意味を理解する上で重要な、西洋近代の「寛容」という思想について、ごく簡単に検討しよう。

＊　ただし例外的に、インドのイスラーム神秘主義者たちの中には、この限界を超えた思想家が存在した。

4　「近代的寛容思想」とその宗教性

実は、トレランスいう言葉は、近代社会において生み出された次のような状態を支える理念として形成された言葉で、極めて西洋近代（キリスト教）文明の思考伝統に基づく所産であるということである（この点に関しては、深沢克己・高山博編『信仰と他者――寛容と不寛容のヨーロッパ宗教社会史』東京大学出版会、二〇〇六年。大木英夫『ピューリタン――近代化の精神構造』聖学院大学出版会、二〇〇六年。種谷春洋『近代寛容思想と信教自由の成立――ロック寛容論とその影響に関する研究所』成文堂、一九八六年などを参照）。というのも、西洋近代社会において寛容が注目されるようになった背景には、「一六世紀の宗教改革の結果としてカトリック普遍主義が崩壊するとともに、多くの同時代人が宗教的な寛容を重要な課題または争点として認識するようになった」という事実がある。

またさらに言えば、「まず宗派間の対立感情が頂点に達する宗教戦争の時代には、寛容は信仰の弱さの表現として否定的に考えられたが、やがて宗教戦争から平和に移行する段階になると、寛容はいわば必要悪として暫時的にではあるが肯定され、信仰の問題というよりも国家理性を優先する立場からカトリックとプロテスタントの平和共存が実現される」という事実もある。このとき、トレランスという言葉で表わされたものが、プロテスタンとカトリックというキリスト教内の異なる宗派間の平和共存の思想、つまり寛容の思想である。

しかし、西洋近代の当初において強調された寛容は、必ずしも積極的な徳目としてではなく、むしろ、「異端信仰という罪悪または誤謬を排除することのできない場合に、やむをえずそれを容認する行為であり、社会の安寧のため、また慈悲の精神から、多少とも見下した態度で、蒙昧な隣人を許容する行為」(深沢・高山前掲書、一八頁以下)であった。つまり、当時の寛容思想とは必要悪であり、しかも信仰の面からは悪徳とまでは言えないにしても、決して推奨されるべきものではない、ということである。いわば、宗教レベルでは決着のつけられない問題を、信仰以外の領域から社会不安の沈静化のために持ち込まれ、生み出されたのが、「近代的寛容」

思想の原点であった。この点をより重視し、寛容から宗教性を希薄化させるために、井上哲次郎らが考えたのが寛容という訳語なのではなかったか、というわけである。*

＊　近代日本語の学問的なスタンダードを決めた、井上哲次郎の『哲学辞彙』（明治一四年）の影響力ははなはだ大きかった。因みにいわゆる日本人の手による初めての和英・英和辞典『薩摩辞書』は慶應二（一八六七）年刊、明治二年に第二版が出版され、現代の日本語と近世の日本語とのニュアンスの違いを知る上で貴重である。また、物郷正明・飛田良文編『明治のことば辞典』（東京堂出版、一九八六年）は、大変有益である。

5　宗教的言語から世俗言語へ

この「近代的寛容」思想は、いわば信仰レベルの問題を棚上げしたかたちで、つまり国家理性というような、極めて近代的で、かつ世俗世界レベルで議論されているという点を特徴とする。つまり、近代的寛容思想は、法や哲学といった近代理性のレベルで議論されたもので、宗教レベルの問題としては、これを本格的には扱わないということに特徴があると言うことができよう。

次に、この近代理性における寛容の類型を簡単に整理してみよう。

この点は、前掲書の深沢克己による、ギ・ソバン説の紹介によれば、近代的寛容は大きく三つに分類できるという。まず、第一類型は一種の棲み分け的寛容の状態であり、「アウグスブルク宗教平和令」などに代表される。第二類型は法令における異宗派共存に向けた寛容である。これはナント王令（一五九八年）やイギリスの寛容令（一六八九年）に代表されるものである。そして第三類型としては、法律の制定をともなわない実質的な寛容であり、オランダの場合である。

以上の三分類は、いずれも世俗世界における異宗派——この時点では宗教ではない——、具体的にはカトリックとプロテスタントとの間の共存の関係を世俗の領域で造り出したもので、その思想的な背景としては近代的な理性主義に負うところが大きい。それゆえに近代的な寛容思想は、近代的概念としての「個人」が基本となってはいるが、その個々人の内面にまで踏み込むものではない。そのために、近代的寛容思想なり、その社会倫理なりを突き詰めていくと、「『ポスト・モダン的』無関心の同義語へと堕落」しかねない孤立主義に陥る可能性を持つのである。

つまり、インド思想のように、本来的に他者の内面の考察には向かわなかった西洋思想、特にキリスト教的発想では、異宗派間の平和的な共存は、日常生活レベルにおける共存、つまり世俗領域における平和的な共生を実現することが第一義であり、それ以上の他者への関わりを持つことを想定していない。というより、それをタブー視する社会である。これは宗教学者であって寛容思想の研究を行ったグスタフ・メンシングの発想によって表現すれば、内面的不寛容の外面的寛容ということになる。*

＊　近代の寛容は、制度としての寛容であり、内面的なそれではない。これについてはグスタフ・メンシング『宗教における寛容と真理』田中元訳、理想社、一九六五年を参照。メンシングは、寛容について四つに分類し、特に近代のそれは内面的な不寛容的寛容と分類している。これは、平常は寛容を認めるが、その前提が壊れた瞬間に非寛容となる、という視点である。かつての日本人隔離や貿易センタービル爆破以後のアメリカの言論統制やアラブへの圧迫は、これを端的に表わしている。

このように近代の「寛容」は、その出発点において、宗教的なレベルにおける異なる信仰との相互理解という精神面の部分を棚上げして、あるいは信仰上の深刻な対立を回避するための方策として考え出されたものであり、宗教世界の対立を回避するために、世俗制度の側から提示された妥協案という側面が強い。だからこそ、信仰の自由と世俗法における平等とがセットになっているのである。

6 世俗概念としての寛容思想

以上のような理由で近代西洋（キリスト教）文明においては、「政教分離、信仰の自由（寛容）、さらに自然権・市民権としての良心の自由」がセットとして主張され、その実現こそが近代化であり、人類共通の目標である、と長く考えられてきた。そして、この思想の形成に向けて功績の大きかったのが、哲学者・啓蒙主義者などである。彼らによって、信仰の自由とほぼ同義語の「近代的寛容」は、世俗の知恵（道徳や倫理の領域）における美徳として理想化されることとなる。そこでは、人間の内面や宗教性に関しては触れないことが前提となる。

一方、この寛容を、哲学思想としてのみならず、法思想や法制度的にも整備したのが、ジョン・ロックであった。彼は、「『神の法が終わるところに、為政者の権限が始まる』という帰結が生ずるのである。それゆえに、ロックの帰結からは、神の法により決定されぬ一切の偶性的事項は世俗の権限に服することが可能となり……。すべての法が沈黙するにおいては、ついに『良心と誓約〔より生ずる〕命令』のみが従われることとなる」（種谷春洋『近代寛容思想と心境の自由の成立――ロック寛容論とその影響に関する研究』成文堂、一九八六年、一一二頁）と主張し、さらにここから個人の良心では解決できない領域においては、「公権力をそなえた優越的人格」

が肯定され、この優越的な人格者としての国家が、最終的に「神の法から生じた善悪の事物はもちろん、それらの伴わぬ偶性的事物をも、臣民に対して賦課し得ることとなる」（同）とされて、国家という、神に代わる世俗世界の絶対的権威の必要性が説かれる。ここでロックは、宗教の領域にまで国家の権限は届き、つまり世俗の力が宗教世界の価値判断にまで及ぶという、極めて近代的、つまり世俗的・理性主義的な主張を行う。

そして、このロックが、この国家法の優越性に基づいて主張したのが、法の下での信仰の自由であり、それを支える「寛容」思想である。だからこそ、個々人の信仰と「寛容」はセットとなるのである。

ただし、ロック自身は、カトリック信仰をこの「寛容」の対象には加えていない。彼は、イギリスにあっては、国教会とピューリタン相互の信仰の自由を法制度として保証し、そのために不可欠な信仰の自由と他者の信仰とを許すこと、あるいは「信仰的には許せなくとも、社会生活上はこれを堪え忍び、その存在を許す」ことを寛容の精神とし、これを市民社会を支える美徳としたのである。そして、このロックの思想を、さらに具体的な制度として確立したのが、アメリカ合衆国憲法の起草者であるトマス・ジェファソンであった。彼はヴァージニア権利宣言において信仰の自由、つまり「宗教行事を為すことについての完全な寛容（tolerance）」（同、三一五頁）を定めていたとされる。

しかし、これらも結果的には世俗法のレベルにおける寛容なのである。そこで、あらためてトレランスの意味を考えるとすれば、「耐える、我慢する、大目に見る……」という意味の真意が理解できよう。つまり、キリスト教における救いの正統性をめぐって、それこそ血で血を洗う悲惨な対決を経、ようやく信仰の違いを不問にして、つまりその領域には踏み込まずに、異端者の存在を見て見ぬふりをするという視点を保つこと、すなわちこれが寛容（tolerance）の精神であり、その思想が寛容思想だということである。そして、その状態を保つことが、ある種の理性が働いている状態となるのであろう。したがって、彼らの共通の関心は信仰ではなく、むしろ世俗生活における富の共有と、特にその獲得に向かうこととなる。マックス・ウェーバーの『プロテスタンティズムの倫理と資本主義の精神』における主張などは、これを指していると思われる。

以上のように、トレランスという言葉は、厳格な一神教であるキリスト教において、信仰を異にしつつも、同じ生活空間で共存しなければならなかったカトリック教徒とプロテスタント教徒とのギリギリの共存の状態を表わす言葉であったと思われる。それゆえに、この状態を表わす言葉は、ほぼ同様の意味においてではあるが、宗教性の強いクレメンス（ラテン語はクレーメーンス clemens）ではなく、いやいやながらも共生し、互いに信仰を不問に付す社会を、トレランスという言葉を用いて表わしたのであろう。というのも、前述のようにトレランスは、動詞トレオー（tolerō）＝「支えることができる、重みを支える、よく耐える、大目に見る、忍ぶ、我慢する」から造られた言葉であり、「堪忍」「免許」という一方向的な態度、あるいは「許し与える寛容思想」を表わすのに適しているからである。

他方、ラテン語のクレーメーンスは、より宗教的、あるいは精神的であり、キリスト教の精神を表わす上で、しばしば用いられてきた言葉である。その意味は「やさしい、親切、おだやか」。女性名詞のクレーメンチアは「優しいこと、寛大、慈悲、仁愛」というある種の内面的な美徳を、さらに言えば宗教的な価値観を多く含んだ意味となる。したがって、クレメンスには信仰レヴェルの意味が強く、信仰を異にするカトリックとプロテスタンの人々の平和的共存の思想を表現するには、あまりに宗教的伝統とかかわる言葉と言えるであろう。つまり、トレランスとクレメンスとを比較してみると、その違いは歴然となる。もちろん、トレランスは、その後も意味を変化させ、より普遍的な思想へと成長してゆく。しかし、ハッカーが指摘したように、近代精神に培われたトレランスと、インドなどの東洋の「寛容」思想とが、基本的に似て非なるものである、少なくとも相違があることは、以上のことからも推測がつくであろう。

いずれにしても近代の寛容思想は、基本的にキリスト教内の宗派対立の超克を視野において生み出された思想、つまりキリスト教内の正統性争いという、神学上極めて深刻な問題への一つの解答として、つまり信仰上は決して相容れない相手であるが、日常生活においてはしぶしぶ共生を受け入れるというような、限定された前提から生まれた思想であった。しかし彼らは、根本的にはキリスト教という共通項を持ち、両者が互いの他性を批判するほどには、両者の差異は大きくない。

これに対して、インドのそれはまさに異質なもの同士の共存関係を見いだそうとしたものという意味で、より根源的なレベルからの思索が不可欠であった（ダーラー・シコーについて、本書六九頁参照）。つまり、宗教（この場合は、宗派）的領域に踏み込まない世俗領域に、あえて限定した状況を tolerance と表現し、その世俗性を明確に意識して翻訳したのが、井上哲次郎の「寛容」という見慣れない漢字の組み合わせということになる。しかしその意味で、原語とその背景を持たない、そこからずれた翻訳には微妙な意味の差異が生じるのである。当然といえば当然であるが、しかしその差異はかなり大きなものである。

おそらく井上はそれを承知で、従来の文化的なイメージを持つ、「赦す、堪忍（する、してやる）」などではなく、あえて抽象的であって、宗教的・政治的な意味を持たず、むしろ道徳的な意味合いを連想させる「寛容」という漢字を用いたのであろう。そこには日本における近代化、すなわち西洋キリスト教文明化の過程における独自の事情が見て取れる。そして、そのある種のイデオロギー的な意図が、今日の日本語の思索を混乱に陥れる原因の一つとなっている、と筆者は考えている。

第二章　「冷たい寛容」と「温かい寛容」

1　寛容の分類とその限界

ところで先に触れたドイツの宗教学者グスタフ・メンシングは、寛容とは反対の不寛容についてであるが、これを三つに分類した。すなわち、「内的不寛容の外的寛容」、「内的不寛容の外的不寛容」、「内的寛容の外的不寛容」である。そしてこれを用いれば、イスラームは「内的不寛容の外的寛容」に分類できるであろう。つまり、現象としては寛容に見えるが、それを支える条件が変われば、即座に寛容から不寛容へと移行するようなレベルのものということである。

この一方的な寛容には当然限界がある。それは内面において非寛容な信仰者が、美徳として他者に寛容な態度を示しているからである。つまり、この美徳としての寛容、言い換えれば一方的な忍耐を強いられる構造が永久に続くということは、理念的にはともかく、現実的にはありえず、現実的には必ずこの構図は破綻する。そしてそのときは、正義の戦い（ジハードや十字軍）という自己正当化、自己絶対化の思想が、この許しの構造から生み出される。*

＊ メンシング、前掲書などを参照。また、竹内整一・月本昭男編『宗教と寛容――異宗教・異文化間の対話にむけて』大明堂、一九九三年において、さまざまな宗教における寛容思想が議論されている。しかしその中には、「イスラム学の田中考氏の『宗教における寛容』とは、おおよそ学問的には稔りある議論の期待できないテーマである」（一九六頁）などという発言もある。

それは歴史的に繰り広げられたジハード――古くは、異教徒征伐とほぼ同義語であった――による仏教徒やヒンドゥー教徒に対する激しい戦闘、殺戮、弾圧行為にも見いだせる。この点に関しては、ガズニ朝のマフムードによるインド遠征の事例（九六七―一〇三〇年）を持ち出すまでもなく、イスラーム教徒によるヒンドゥー教徒をはじめ、彼らが多神教徒と呼ぶ異教徒に対する激しい軍事行動と、その後の容赦のない支配体制はよく知られている。彼らは、多神教を攻撃することを聖戦と呼び、これに宗教的な正当性を付与していた（拙著『イスラム原理主義・テロリズムと日本の対応――宗教音痴日本の迷走』北樹出版、二〇〇四年参照）。

もちろん、同様のメンタリティーは、同じくセム族的一神教であるキリスト教にも見いだせる。筆者は、その典型が十字軍にあると考えている。十字軍も同様に、一方的な宗教的正義をかざし、異教徒や異端を宗教的な正義の名において討伐するという発想であり、そこには「冷たい寛容」さえも見いだせなかった。

いずれにしても、「冷たい寛容」には、セム的一神教の思想――筆者は、これを単なる一神教ではなく、排他的な一神教と呼ぶことにしているが――、この排他的一神教の思想から導き出される寛容は、自己の絶対的優位性を前提とする寛容思想となりがちとなる。

つまり、これが排他的一神教から導き出される寛容思想の限界である。そして、このセム的な「冷たい寛容」の思想が、今日の「寛容」の語義となり、また世界の秩序を造っているという点に、現在の国際紛争を生む要因の一端がある、と筆者は考える。それは、イスラーム・ゲリラと推定される犯罪人によって惹き起こされた「9・11事件」、つまりニューヨークのワールドトレード・センター、ワシントンのペンタゴン（国防省）ビルへの、旅客機による自爆事件とその直後の、ブッシュ大統領のイスラーム教に対する戦いの宣言、「現在の十字軍（正義の戦い）である。正義のアメリカに味方するか、敵に味方するか……」という発言にも見いだせるものである。

しかし他方に、このような自己の絶対化、少なくとも自己の視点の正当性を主張する立場からの寛容思想、これとは異なる寛容の形態もある。それが、ここでの主題である「慈悲の思想」

である。

もちろん、近代西洋文明の下での寛容は、こうした欠点を補うべく、宗教領域と世俗領域とを区別し、世俗社会においては恣意的に用いられやすい、宗教的な「聖戦思想」という発想が暴走することのないように、世俗法による「寛容の状態」を、つまり信仰の自由の保証という制度を確立した、と言えるであろう。

したがって、近代西洋文明における寛容は、メンシングの「内的不寛容の外的寛容」を、世俗社会においては「内的不問、外的寛容」というかたちで実現した、というわけである。しかし、最後まで宗教領域においては、つまり内面的な寛容に関しては変化していない。それゆえに、やはり宗教領域においては「冷たい寛容」という範疇を超えるものではないのである。

2　温かい寛容思想の構造

他方、セム族の宗教構造のように、神と人と自然とが直線的な上下関係に置かれ、かつ不加逆的な許しの関係を軸にするのではない、可逆的・相互交換的で、あるいは循環的な許しの構造を存在させることも可能である。その典型がインド思想、なかんずく仏教であるが、これを「温かい寛容」と名づければ、その典型は仏教の慈悲の思想にあるのだが、ただし同様の思想は、ギリシアにも見いだすことができる。

例えば、ギリシア語の寛容の精神を意味する epieikeia という語にも、仏教の寛容と同等の意味を見いだすことができる（『岩波哲学思想辞典』）。この言葉は、epi（場所を意味する）と eikeia に分離できる。この eikeia は eikos（同じように）、eikazw（等しくする、同じようにする）という語と通じており、epieikeia の意味は、「場所を同じくする」「他者に場所を譲る」「道を譲る」というような意味があるとされる。

つまり、この言葉には「自己を他者の立場に置き換えて相対化し、自他の区別を超えて、より高次の一体感を持つ」、簡単に言えば、「他者を自己と同等に考える」という極めて深い自他同一の原理、あるいは自他の区別を超えた普遍的な思想の深みが表わされているのである。

そしてこの精神こそ、インド思想、特に仏教における無我説（anātman）や大乗仏教における空（śūnyatā）の思想に通ずる普遍的な精神と言うことができる。詳しくは後に検討するが、ここにわれわれは、ギリシアとインド、特に仏教との間の強い共通性を見いだすことができる。しかし、ギリシアでは、インドほどにはこの精神性を発達させなかったようである。少なくともその思想は、後代の宗教世界には受け継がれなかったと言えるようである。

インド、特に仏教においては、自己を抑えての、他者への配慮を当然とする、この自他同置の思想が、宗教的な中核として独自の展開を見せている。ここでは、その宗教思想的展開を概観し、さらにその仏教が文明形成の基礎であり、また現在にまで深い影響を与えていると見られる事例の象徴として、日本における寛容思想について、鳥瞰することを目指している。

すなわち仏教では、「自己の立場の相対化」から、さらに「自他の彼岸における自他融和の一体的立場」という「絶対的寛容（ここで言う温かい寛容）」の精神を築くことを、宗教的な目的の中心に置いている。さきほどのメンシングはしかし、仏教の寛容思想を、神秘主義的寛容主義と表現している。ところが現実には、神秘主義的寛容主義は観念的な寛容思想であり、現実的な展開に乏しいという評価が、この分類の背後には存在するような印象を与える。*

＊　キリスト教においてもアガペー、カリタスなどの言葉が示すように、他者に対する思いやり、同情、共感等々の教えがある。しかし、そのような高尚な思想が、現実にどれほど実践されたのか、仏教の歴史と比較すれば明らかである。特に、幾多の十字軍や魔女狩り、異端審問などの宗教的な教義に裏打ちされた構造的な暴力システムの根源を絶つことは、セム的宗教の課題であろう。十字軍については、アミン・マアルーフ『アラブ見た十字軍』牟田口義郎・新川雅子訳、リブロポート、一九八六年や C. Hillenbrand, *The Crusades: Islamic Perspectives*, Edinburgh University Press, 1999 などを参照。これらはイスラームの視点から十字軍を論じている。しかし、そのどちらも自らの正当性を主張するものであって、「慈悲の目に憎しと思うものあらじ、とがある者をなほもあわれめ」という思想には程遠い。この思想は仏教の根本思想である。中村元『日本人の思惟方法』選集第三巻、春秋社、一九八八年参照。

いずれにしても、ここで言う「温かい寛容」（以下、特に明記しない場合は、寛容と略記）とは、「自らを絶対視せず、他者の存在を尊重し、相互理解、相互補助の上における、自他の対等の関係」という謙虚な心持ちや思想を基とする、ということにしたい。

つまり、他者の存在を単に空間的な意味で許すのみならず、隣人として、あるいは同じ人間（仏教で言えば、一切衆生ということになるが）と認識し、相手を自分と対等とみなす（自他同置、自他同地）という構造である。それは、その背後にいわゆる輪廻思想があり、すべての生命の本質的同質性・連続性という基本構造（「一切衆生悉有仏性」「山川草木悉有仏性」）がある。その結果として他者の尊重であると同時に、自己の相対化（いわゆる無我・空）、自我の抑制（忍辱）であり、そこには必然的に、忍耐や我慢（六波羅蜜の徳目）というものが付随する。とすれば、仏教的な寛容という言葉の示す精神は、世界共通のものとなる。

しかし、仏教ではもちろん、己ればかりが他者に譲ること、つまり自己犠牲ばかりを説いているわけではない。なぜなら、自己にとっては他者であるが、他者にとっては自分が他者であるということ、この自己犠牲の教えは、相互に譲り合うということを前提にする教えである、ということになる。それが輪廻思想を基本とするインド思想、特に仏教思想の基礎である。ここにも、一方通行的な世界観ではなく、相互連関を基礎とする輪廻思想が明確に現われている。*

＊　一般にはこの点があまり意識されておらず、キリスト教などの献身と同様に理解される。もちろん、キリスト教のマザー・テレサのような崇高な献身者と、救済の行為そのものは同様であるが、仏教の場合は、神の命令によるのではなく、相互の支え合いという世界観の上での自己犠牲である、という点が明確に異なる。それゆえに、献身者の一方的な献身と、それを一方的に亮受する被献身者という構図ではない、という点が重要である。仏教思想のこの検討に関しては、中村元『普遍思想——世界思想史』決定版選集別巻2、春秋社、一九九九年などを参照。

このように仏教の寛容とは、他者の立場に立って自らの行為や言動を反省し、他者と同じ場や意識を共有するということ、さらには自らに向ける意識を他者にも振り向けるということによって結ばれる関係性（慈悲）、そしてそれによって成立する寛容となる。同様に、自己の謙虚さのみならず他者においても、同様の譲歩、歩み寄り、少なくとも理解の共有が最終的には求められる。また、この精神の仏教説話的な表現では、『ジャータカ』（本生譚）における捨身《しゃしん》飼虎《しこ》の教えがよく知られている。

いずれにしても自己犠牲の精神を共有した上ではじめて、「寛恕」「堪忍」「許可」というような言葉によって表わされる状態が生み出されるのでなければならない。そうでなければ、それは便宜的な寛容（ここで言う、冷たい寛容）となる。

具体的に、インド思想における「寛容」について検討しよう。

第三章　インド的なるもの

1　インドの根本思想としての寛容思想の再評価

やや、迂遠であるが、インド、特に仏教における知的伝統としての寛容の精神の現在的な価値をより鮮明にするために、インド精神の現代的な意味づけについて簡単に論じてみよう。

プロテスタント的キリスト教精神の下に生まれた近代合理主義精神の限界が強く認識されつつある昨今、インドの精神文化に対する評価、特にその多神教的、つまり多元的世界観が、一神教的、キリスト教的な思想や文明へのある種の「癒し」の思想として、意外なところから期待されているということの一例を紹介しよう。

でもわたくしは、人間の河のあることを知ったわ。その河の流れる向こうに何があるか。

まだ知らないけど。でもやっと過去の多くの過ちを通じて、自分は何が欲したかったのか、少しだけわかったような気もする」。（中略）「信じられることは、それぞれの人が、それぞれの辛さを背負って深い河で祈っている、この光景です」と美津子の心の口調はいつの間にか祈りの調子に変わっている。「そのひとたちを包んで、河が流れていることです。人間の河。人間の深い河の悲しみ。そのなかにわたしもまじっています」。「ひょっとすると、ガンジス河のせいですわ。この河は人間のどんなことでも包み込み……。わたくしたちをそんなきにさせますもの」。

（遠藤周作『深い河』集英社、一九九三年）

これは、故遠藤周作の最晩年の小説『深い河』の一節である。敬虔なクリスチャン（カトリック教徒）として知られる遠藤が、精神的さらには文明的な癒しを求めて、最後に行き着いたところがこのインド的な世界であった。すなわちインドがいまだに維持している精神世界への一種の回帰であった、という点に示唆的なものを感じるのは筆者だけであろうか。

遠藤は、この作品で人間の存在の意味について、近代的な自我意識、あるいは個の存在を前提とする近代精神の地平の下に、あるものを探ろうとしている。つまり近代以前においては、ほとんどどこの地域にも存在した転生思想への回帰である。しかし、それに確信を持てるほど、遠藤を含めて近代人であるわれわれは素朴の精神を持ち合わせてはいない。そこで、いまだに「輪廻転生」の精神文化が息づくインドへの魂の巡礼が行われるという筋書きである。

『深い河』では、主人公である中年女性の美津子と、ドロップアウトしたキリスト教カトリックの神学者であり、神父である大津という、おそらく遠藤自身の投影であろう男性の二人を通じて展開される、魂の遍歴と覚醒が問題とされた。彼らは人間の存在の意味への問いと、生存の過程で不可避的に生み出される罪の意識にさいなまれ続ける。その結果、インドに何かを求めてやってきて、ある種の癒しをうる。その過程で交わされた言葉が、引用の言葉である。

西洋文明に憧れ、敬虔なカトリック教徒として生きた遠藤が、いったいなぜ、彼の人生の集大成、あるいは終着点においてインドを舞台に選んだのであろうか？　インドにはいったい何があるのであろうか？　この問いを考えることは、キリスト教を核として形成された近代西洋文明の限界が意識され始めた現在において、特にその精神的な荒廃の原因の明確化と処方箋の形成とに貢献しうるものを内包しているのではないだろうか、という期待感を抱かせる。*

＊　峰島旭雄『西洋は仏教をどうとらえるか――比較思想の視座』東京書籍、一九八七年などを参照。例えば、『ウパニシャッド』は、ダーラー・シコー（一六一五―五九年）によってペルシア語に訳され、それが『ウプネカット』として一八世紀後半にラテン語に訳出され、ヨーロッパに伝わった。

つまり、近代西洋の合理主義思想と、その文明が歴史の過程で捨て去った大事な何かを、インド社会は維持している、あるいはインド思想はわれわれにその失った大切なものを呼び起こしてくれる、と遠藤の主人公である彼は感じたのであろう。

2　近代精神の背後にあるものとインド的なるもの

二〇世紀の後半より、バラ色の近代文明観、特に科学文明への絶対的な信頼感が、環境問題、原子力関係施設における度重なる事故等々の発生で、急速に減衰した。それにともない、精神の荒廃や混迷が世界に蔓延しつつある。現代社会は、この現象への有効な対処法を見つけることがいまだできず、混迷の度合いは深まりつつある。そのような時期であるからこそ、逆にわれわれは歴史に学び、新たな精神の復興を目指さねばならない。しかも、それは単なる自己や自分が属する社会の「癒し（安定）」というレベルにとどまるのではなく、新しい文明形成のためのもの、すなわち新文明論に益するものでなくてはならない、と筆者は考えるのである。

このように近代精神を根底から反省し、それに修正を加えようとするとき、それを可能にする視点は、一神教（的思考、つまり一つの主義や原理のみを正しいとし、他を排除する思考）、個人主義、自我の独立等々、近代西洋文明を支える精神構造とは、別の独自な道を歩んできたインド文化の検討が極めて有効である、と考えられる（伊東俊太郎『比較文明』東京大学出版会、一九八五年やトーマス・クーン『科学革命の構造』中山茂訳、みすず書房、一九七一年などを参照）。少なくとも、インド思想の検討を通じて、近代精神の行き詰まりを解消するためのヒントを見いだすことは可能ではないか。なぜなら、インドは以下において検討するように、近代キリスト教文明によって形成された合理主義的な精神文化以前の精神文化をいまだに保ち続けつつ、高度な文明を形成している数少ない地域であるからであり、しかもそれは数千さらには数万年にも及ぶ人類の文化史に培われた精神の古層文化に通底する深みと広がりを、われわれに提示するものである（インド思想については、中村元『インド思想史』岩波全書、一九六八年。前田専学編著『インド思想史』東京大学出版会、一九八三年、S. Dasgupta, *A History of Indian Philosophy*, Delhi,1975. S. Radhakrishnan, *Indian Philosophy*, vol.1, London,1923）。

もちろん、インド文化が古代以来の精神を素朴に保存しているというような文化ではないことは言うまでもない。周知のように、インドは他の地域には見られない独自の精神文化を高度に発展させてきた地域であり、その存在はイスラームの大学者イブン＝ハルドゥーン（一三三二―一四〇六年）の「神は、哲学をインドに、手先の器用さを中国に、政治をビザンツに、そしてイスラームをわれわれに授けてくださった」という表現や、近代以降の西洋の学者たち，特にショーペンハウエルらに深い感動と大きな影響を与えたことでも、その偉大さを垣間見ることができよう（イブン＝ハルドゥーン『歴史序説』全三巻、森本公誠訳、岩波書店、一九七九、八〇、八七年）。

では、いったいインドの精神文化の偉大さは、どこに見いだすことができるのであろうか。端的に言えば、それは「多様なる文化の存続を認める寛容の精神にある」となる。例えば、インドを表現するとき、「多様性の国」という枕詞がよく用いられる。インドは人種、言語、宗教、歴史等どれをとっても複雑にして多岐にわたっている。日本人には混沌の極地、あるいは無秩序に見えるインド社会であるが、その認識は必ずしも正しくない。

ただし、近代的な合理主義、特に現象界における物質的な存在に中心を置く科学的な合理主義――これが近代西洋文明の特徴であるが――にとどまる限り、インドの精神文化の本質や価値を正しく評価することは難しい。そして、この点に気づくこと、あるいは反省を加えることに、インドの精神文化を検討する意味があるのである（前掲、中村元『日本人の思惟方法』参照）。

というのもインドには「多様性の中の統一」という認識があり、その多様性と統一という言葉の表現する次元は、まったく異なる二つの世界を意味している。つまり、インド哲学では、現象世界の多様性、個物の世界の多様性と、その背後にある世界、つまり個物の存在の背後にある普遍的法則性、それをインド思想では真実（サティヤ）などと呼ぶ――特に仏教ではダルマと呼ぶが。つまり、インド思想ではいわゆる二元論的な世界観を認める――仏教的に言えば、真俗二諦説――をとる。しかし、この二つの世界は、実は究極的には一つであるとする。つまり、現象的に多様な世界を造りはするが、その背後は一つの法則性――神でもよい――が存在するということである。ここに、インド的な多様性を許しつつ、究極において一者に収斂するという存在論――筆者はこれを多元的一元論と表現する――が成立する。これをインドの正統思想であるウパニシャッドでは、梵我《ぼんが》一如《いちにょ》という。* この理論に従うなら、多様に展開する個物を個物たらしめる個性、そしてその違いを動かしがたい事実とし、あるいはさらにそれを前提として形成された近代西洋文明とは正反対の方向性を発達させた。ここには、その人間観においては個人主義、世界観においてはデカルトによって提唱された唯物的近代科学文明とは対極の、インド精神の特徴を見ることができる。つまり、近代西洋思想の唯物論的な要素還元主義、分析主義に対して、インド思想では総合主義、相互連関主義――仏教の縁起の思想などはその典型――である（縁起については、多くの名著がある。三枝充悳『縁起の思想』著作集第四巻、法蔵館、二〇〇五年、平川彰『法と縁起』著作集第一巻、春秋社、二〇一五年、中村元『仏教の真髄を語る』麗澤大学出版会、二〇〇一年、柳澤桂子『生命の奇跡――DNAから私へ』PHP新書、一九九七年、中村桂子『生命誌の世界』NHK出版、二〇〇〇年等）。

＊　この思想をわかり易く表現すれば、三平方の定理と多様な直角三角形との関係によって説明でき

よう。つまり、無数にある直角三角形は、個々に独立した存在と見えるが、三平方の定理という一つの法則によって、すべての補足ができるのである。このように、多様な現象も深いところで一つの法則性によって互いに結ばれている、というのが多元的一元論の思想と言える。

つまり、西洋近代文明の特徴としての分析的思考、要素還元主義の行き着くところが、現実社会においての民族やイデオロギー、さらには宗教対立の大きな原因の一つであり、環境破壊の最大の原因であるという考えは、決してとっぴなものではないのである（公害問題については宇井純『公害の政治学――水俣病を追って』三省堂新書、一九六八年や、『朝日新聞』の記事、「変換キー――ある学者の死」一九九八年九月二日を参照）。そこにはライプニッツのモナド論に典型的に見られるように、人間社会を含めた事物の認識において個の存在を前提とするがゆえの文化・文明における必然的な帰結が見いだせる（前掲、中村元『仏教の真髄を語る』などを参照）。そして、さらにそのような思想を生み出した西洋文明の中核をなす、キリスト教的な、というよりそのキリスト教と兄弟宗教であるユダヤ・イスラームに共通するセム族の宗教に特有の排他主義と選民思想に行き着くことになる（保坂俊司・新免光比呂・頼住光子『人間の社会と宗教』北樹出版、一九九八年、W・R・スミス『セム族の宗教〈前・後編〉』永橋卓介訳、岩波文庫、一九四一年参照）。

このような排他的選民主義、つまり自己の存在や立場の絶対化を基調とする思考、そしてそれを核とした文化・文明、この延長線上にここで言う「冷たい寛容」の精神はあり、これと対極にある「温かい寛容」の文化・文明が、インドの、特に仏教のそれである。*

＊　宗教対立をともなわずに、少なくとも武力行使を行わずに伝播拡大した宗教は仏教のみであろう。この点は、S・ハンチントン教授も認める。前掲『文明の衝突』六五頁。

3　インド的寛容性の起源

前述のようなインドの寛容精神の起源については、それを明確に設定することはできない。しかし、インダス文明においてすでに顕著に見られる特徴であることは疑いえない事実である。つまり、「世界の四大文明」に数えられるインダス文明が、他の三文明と異なる点は、この文明には強力な武力を行使する王権が存在しなかった、ということである（近藤英夫『NHKスペシャル　四大文明　インダス』NHK出版、二〇〇〇年）。

つまり、古代社会において王権の存在は、武力を背景とした王制を採ることが一般的であり、それゆえに王は絶対化され、その結果、宗教や思想が権力によって統合あるいは強制される傾向にあった。そして、その王の権威を支える要素として、宗教祭祀が存在した。一般に古代の王の権威は、戦争に勝つこと、敵を打ち負かすことにおいて、より発揮されるもの、証明されるものとされたのである（吉村作治・後藤健編集『四大文明　エジプト』、松本健編集『四大文明　メソポタミア』ＮＨＫ出版、二〇〇〇年などを参照）。

しかし、インダス文明では、そのような思想的統制も、当然権力による弾圧もなかったと言われている。というのも、東西約一五〇〇キロメートル弱、南北約一八〇〇キロに及ぶ広大なこの文明圏のどこを見ても他の文明のように武器が多数出土するということはなく、また巨大な権力の存在を象徴する宮殿も見つかっていないのである（前掲『ＮＨＫスペシャル　四大文明　インダス』参照）。

それでもこの文明が一つの統一化されたシステムを持っていたことは、各地の遺跡から発掘される均一な度量衡や、いまだ解読はされていないが、インダス文字の存在によって明らかである（M. Wheeler, *The Indus Civilization*, combridge University Press, 1953）。つまり、インダス文明の秘密を解く鍵は、いわゆる「神官王」と呼ばれる小さな石像にある。この文明からは、大きな権力や武力を象徴する王宮や武器は出土しないが、沐浴場は存在し、特に神官王が専用に用いたとされる沐浴場は、入念に造られていた。また、その王の静かな面持ちから、深い瞑想の境地がうかがえ、おそらく後代のインド思想の特徴である瞑想（ヨーガ）による人間の内面への何らかの呪術力、そのようなものが共有されていたのではないかと思われる。

いずれにしても、広大な地域を統御する何らかの規制力が存在したことは事実である。したがって経済的な統合という緩やかな統合システムによって支えられ、それ以外の分野では自由と寛容として形容しうる、平和な社会が形成されていたのだと考えられる。そのことは、インダス文明の遺品の多くに、子どものおもちゃやサイコロなどの遊び道具が多いことなどからも、その文明の特徴を垣間見ることができる。ただし、その思想等については、文字が解読されていない現在では、いまだ詳しいことは不明であると言わねばならない（詳しくは、拙著『仏教とヨーガ』東京書籍、二〇〇四年参照）。

この文明が急速に衰退した理由は明確ではないが、一般的には紀元前一五世紀以降、インド亜大陸に侵入し定着したコーカロイド系の遊牧民、アーリア人による征服が原因ではなかったか、と言われている。最近では環境の変化説も出てきている。

いずれにしても、以後のインド精神史上に、このインダス文明の存在は表面的には明確な仕方で顕れることはなかった。しかし、この文明の精神は決して消え去ったわけではない。特に、父系制社会を基本とするアーリア人の文化が、以後のインド精神史の中心を形成してはいるが、絶対的な多数派を形成する在来の人々との人種的・文化的な融合は穏やかではあるが、決して絶えることなく続き、今日に至っているのである（中村元『ヒンドゥー教史』世界宗教史叢書6、山川出版社、一九七九年、R・バンダルカル『ヒンドゥー教——ヴィシュヌとシヴァの宗教』島岩・池田健太郎訳、せりか書房、一九八四年、拙著『インド宗教興亡史』ちくま新書、二〇二二年などを参照）。つまり、インド精神史は、インダス文明以来の古代的精神文化とアーリア文化との融合と統一というダイナミズムによって、今日に至る伝統を形成したのである。

したがって、インド精神には、異質なるものへの寛容性と融和・融合という方向が顕著なのである。つまり、インド起源の思想あるいは宗教は、ユダヤ教・キリスト教・イスラーム教——これらを合わせてセム族の宗教と呼ぶ——のように、自己を絶対化し、他者の存在意義を認めなかったり、あるいは排除したりという排他性と独善的傾向を持たないところに、その特徴があると言えるのである。そしてその淵源は、実にこのインダス文明まで遡ることができるというわけである（前掲『セム族の宗教』参照）。つまり、寛容思想は、いわばインド文化における文化的な伝統、あるいは智慧ということができる。それゆえにこの伝統は、排他性や選民思想が極めて強いイスラーム教にさえ影響を及ぼし、ムスリムたちのインド定着後には徐々に寛容の宗教へと変化していったことでも、知ることができる（詳しくは、拙論「インド・イスラムの融和思想」『比較文明』一八号、比較文明学会、二〇〇一年、六七—七八頁参照）。

4　インド的思惟と多神信仰

宗教学的に言えば、インドの伝統的な宗教は、ともに多くの神の存在を認める、多神教と位置づけることができるヒンドゥー教や、その位置づけが難しい仏教でさえ、そう言いうる面を持っている。そして数ある神々の中でも、女神への信仰は特にヒンドゥー教に顕著であり、民衆レベルにおいて根強く信仰されている。この女神信仰は、いわばヒンドゥー教の特徴の一つにさえ数えられているほどである。*

＊　同様なものは古代ギリシアや他の古代社会においても見いだすことはできるが、キリスト教やイスラーム教の浸透により根絶した。W・R・コムストック『宗教――原始形態と理論』柳川啓一監訳、東京大学出版会、一九七六年。M・エリアーデ『世界宗教史』全三巻、鶴岡賀雄ほか訳、筑摩書房、一九九一年など参照。

いわゆる女神信仰は、狩猟採集の時代（三万五〇〇〇年ほど前）の遺跡などから「フォーレ・ヘルスのヴィーナス」と呼ばれる神像が発見された例などから、かなり古い時代より存在したとされる。それは女性の持つ生殖能力への畏敬の念、そしてその能力の汎用化とも言うべき食糧（獣から木の実など）の増殖力――この頃は、栽培していなかったので、自然の繁殖力の増加を、女性の生殖力に投影した――が、崇拝対象となったとされる（David Kinseley, *Hindu Goddesses:Vision of the Divine Feminine in the Hindu Religious Tradition*, Motilal Banarsidass,1998）。

こうした傾向は、農業革命と呼ばれる農耕の始まりとともに、いっそう顕著となった。農耕文明は、世界各地に豊饒を願う儀礼を生み、女神（地母神）信仰を中心とする宗教世界を形成した。中近東一帯の遺跡から発掘されるアナヒター女神をはじめとする女神信仰は、農耕文明と深く結びついて、世界各地に見いだせる（J. Cambell, *The Mythic Image*, Princeton university press, 1981）。そしてこの女神信仰の特徴は、後に出現する倫理宗教、特にキリスト教やイスラーム教とは異なり、現実世界を一定の教理で説明するというようなドグマを持たず、自然を畏怖し、崇拝し、自然への感謝を儀礼化するという謙虚さがあった。また、自然を理性的に体系化し、自らの宗教観で一元化しようとする合理化を行わなかったために、自然の多様性をありのままに受け入れるという寛容さと多様性、そして柔軟さを持っていた（中村元『ヒンドゥー教史』山川出版社、一九七九年前掲拙著）。

そうした傾向は、世界各地の古代社会においてその原初形態を見いだすことができるが、インドにおいても同様であった。ただし、現代に至るまでこの古代的な信仰形態を残していて、しかも高度な宗教性や文化形態を維持しているのは、ほとんどヒンドゥー教のみである、と言うことができるであろう――日本でも神道がそのように言われることがあるが、神道には自覚的な思想体系が乏しく、その意味でヒンドゥー教とは異なる。つまり、他の地域、特に中近東以西では、後に排他性と父系制的傾向の強いキリスト教やイスラーム教の支配を受け、こうした古代信仰の形式は、異教として弾圧の対象となり、ほとんどその痕跡を残さぬまでに破壊されたからである。もっとも、その地母神信仰の痕跡は、キリスト教では一二―一三世紀になってマリア崇拝として一部ではあるが復活した。カトリックでは変則的であるが、女神信仰が今日まで続いているのはこのような理由による。したがって、キリスト教でもカトリックは比較的異教や異端に寛容性を示す可能性を具えている。* しかし、セム的な原理への回帰、キリスト教の原初形態への回帰を希求したプロテスタントやイスラーム教においては、このような信仰形態は否定された。したがって、このような宗教や宗派が隆盛している地域では、古代以来の多神教の典型である女神信仰のほとんどが途絶えている。これらの地域では、前述のように倫理宗教、救済宗教と呼ばれる、合理主義の支配する父性的宗教が、有史以来の感性的な女神崇拝に代表される宗教を駆逐したのである（市川茂孝『母権と父権の文化史――母神信仰から代理母まで』農山漁村文化協会、一九九三年などを参照）。

＊　歴史的には、超・極端を揺れ動いたことは、周知のことである。例えば、フレデリック・ド

ルーシュ編集、木村尚三郎監修『ヨーロッパの歴史――欧州共通教科書』東京書籍、一九九四年、M・D・ノウルズ、上智大学中世思想研究所『キリスト教史』第三巻、第四巻、平凡社、一九八一、一九九六年。

ところがインド社会においては、古代以来の多神教と、その象徴とも言うべき女神（地母神）信仰が脈々と受け継がれている。もちろん、この女神信仰は、密儀や秘儀といった呪術儀礼をともなうために、非論理性を、すなわち前理性的な傾向を持つものとなっている。しかし、人間の理性的で合理的な理解力や道徳的な行動をもって、自然のすべてを説明しえない以上、このような一見、非合理な部分を持つ女神信仰の存在意義は小さくないであろう（前掲、*Hindou Goddesses* 等を参照）。

少なくとも、この信仰形態には、理性という名の近代人の都合――思い上がり――によって形成された科学至上主義、言い換えればそれらを生み出した人間理性至上主義的な文明の欠点を補う、生命体を重視する思想の種子として、人間の発生以来、連綿と引き継がれてきた、人間の本性を見据えようとする哲学が、その基本にあると思われる（この点については、前掲『仏教の真髄を語る』参照）。つまり、人間を特別なものとはせず、他の生物と同等、あるいはそれらと連続的な存在として認識する輪廻思想や、いたずらに自然――この場合は、人間以外のあらゆる存在のこととする――と対峙するのではなく、自らもその一部として、謙虚にそして調和的に生きようとする姿勢などである。この自他を区別しない、あるいは自他という二律背反的な認識そのものを超える思想こそ、寛容の基本的な精神と言うべきものであろう。

5　ウパニシャッドの寛容思想

さて、インド文化の多様性を支える信仰形態が、多神教、特に女神信仰として特徴づけられるとすれば、それを思想的に裏づけるのは、ウパニシャッドに代表される神秘主義思想である（ウパニシャッドについては、中村元『ウパニシャッドの思想』選集9、春秋社、一九九〇年、前田専学『インド哲学へのいざない――ヴェーダとウパニシャッド』NHK出版、二〇〇〇年参照）。ウパニシャッドの思想はインド思想の根本をなすものであり、しかもその思想はいわゆるセム的な単一思考ではなく、多元的で多様な思想の融合体と呼ぶにふさわしい複雑さを持つ。そしてさらには、ショーペンハウエルなど近代西洋合理主義思想の限界を見据えた哲学者に、深い感動を与え、新たな人類の知的可能性を実感させた哲学的な力を持っている（前掲、峰島『西洋は仏教をどうとらえるか』参照）。

いわゆるインドの神秘主義思想は、世界に広がる神秘主義思想の源流の一つと言われ、その系譜には西洋思想、特にキリスト教の思想的な基盤をなすグノーシス主義・新プラトン主義の思想形成に、大きな影響を与えたとされる。

また、インド国内では紀元前七―六世紀頃から始まるウパニシャッドを中心とする思想の革新運動と時を同じくして、仏教、ジャイナ教、アージヴァイカ教などが生まれ、後世に大きな影響を残したことは、よく知られた事実である（中村元『東西文明の交流』選集別巻五、春秋社、一九九八年）。

さて、このウパニシャッドの思想的な特徴は、人類最古の哲学文献と呼ばれるように、宇宙の生成や人間存在の意義等々の形而上学的な問題に対する真摯な探求にある。特に、非人格的で一元的な抽象原理の想定は、現象世界における多様性を肯定しつつ、普遍世界、真実世界における一元的な統一を可能とし、インド思想に共通する「多様なるものの統一」を理論的に可能ならしめた。試みに、その一例を示すならば、

ブラフマンは実にこの一切（宇宙全体）である。（中略）一切の行為を内包し、一切の欲求を有し、一切の香を持ち、一切の味を具え、一切に遍満し、無言にして、超然としているもの、これが心臓にあたる、わたしのアートマンであり、ブラフマンである。

（早島鏡正ほか『インド思想史』東京大学出版会、一九八二年、二三頁。『ウパニシャッド』に

ついては、高楠順次郎監修『ウパニシャッド全書』全一〇巻、東方出版、一九八〇年が、現在出版されている中では最も充実している）

これがいわゆる梵我一如の思想である。このようにウパニシャッドの思想は、現象界の多様性を認め、それらの差異を前提としつつ、なおかつその背後に一つの絶対的な原理を認めるという意味で、極めて特徴的な思想である。それは同じく絶対原理を想定しつつも、その原理を具体的な人格や言葉として限定するがために、現実社会の各要素の違いによって争いの絶えない、セム族の宗教との違いを考えれば――互いに絶対善＝正義を主張するアメリカのジョージ・ブッシュ大統領とアル・カイーダのウサマ・ビン・ラディンとの暴力の応酬を見れば――、その帰趨は明らかであろう。ウパニシャッド思想の特質は、二一世紀の世界的な思想原理構築において大きな役割を担うことが十分に期待される（ウパニシャッド的な思想が、インドの現在に至るまで強い影響力を持っていることについては、辻直四郎『インド文明の曙――ヴェーダとウパニシャッド』岩波新書、一九六七年参照）。いずれにしても梵我一如の思想は、ヒンドゥー教のみならず仏教やジャイナ教等々のインド的宗教の根本思想と強い共通性を有している。*

＊　ウパニシャッドの思想は、ヒンドゥー教や仏教といったヒンドゥー教系の宗教思想のみならず、

イスラームのスーフィー（神秘主義）思想にも強い影響力を持った。詳しくは、前掲、拙論「インド・イスラムの融和思想」参照。また、自他同置の思想も、この一つの展開である。

このウパニシャッド的な思考である、現象世界における多様性の背後に一つの真実（原理）を想定するという考え方は、仏教を通じて東ユーラシアに現在でも根づいている。しかし、ウパニシャッドと仏教思想とには大きな相違がある。それはウパニシャッドが、どちらかと言えば有神論的な方向にその関心があったのに対して、仏教、特にその創始者ゴータマ・ブッダは、教えの基本に人間の根源的な平等性を置いた点で、より普遍性を持っていると言えることである。*

＊　仏教では、「一切衆生悉有仏性」、『涅槃経』「師子吼菩薩品」のように、一切の生物として意識を持ったものには、みな平等な存在意義を認めるという思想が基本となっている。つまり、宗教や思想の差異を超えた絶対的な平等思想がそこにはある。ただし、平等の思想についても、別途考察が必要であるが、今回は指摘に止める。

第四章　ブッダと寛容

1　仏教の根本思想——対立を超える思想

すでに検討したように、寛容とは「自らと異質なる信仰や考えを持つものを自らと同一視する」——既述のように筆者はこれを、「自他同置、あるいは自他同地」と表現する——、つまり「他者を自らのごとくにみなし、それを尊重する」という基本的な精神がここには不可欠である。しかし、具体的にこれを実行するとなるとなかなか難しい問題がある。

ここでは、仏教、特にその創始者であるゴータマ・ブッダの思想と、それを現実の政治において実践したアショーカ王の思想や業績とを鳥瞰し、仏教における「寛容」の思想について検討する。

以下ではまず、仏教の寛容思想を支える精神構造について検討しよう。仏教思想、特にゴータマ・ブッダの教えの根本はどこに求められるか。それを筆者は、神や自己の存在の絶対化を行わない、ということに尽きるのではないかと考えている。もちろん、その場合の自己とは、自己が拠り所とする神、あるいは理論や立場、さらには肉体等々、人間存在を形成するすべての要素のことである（インド哲学や仏教における「我」については、膨大な研究がある。宇井伯寿『仏教汎論』岩波書店、一九四七年などを参照。中村元・三枝充悳『バウッダ――仏教』小学館、一九八七年など参照）。

仏教的に言えば、人間は自己の拠り所とする言説に執着しがちである。言葉を換えれば、自己の信奉する信条や主義、あるいは自分の信仰する神を絶対視しがちである。しかし、そのことが人間のあらゆる対立の根本原因の一つである、と釈尊は教える。釈尊は、この点を、

（世の学者、あるいは宗教家たちは）めいめいの見解に固執して、互いに異なった執見をいただいて争い、（みずから真理への）熟達者であると称して、さまざまに論じる。

（『スッタニパータ』八七八）

と表現している。しかも、これらの学者・宗教家たちは、自説のみが正しく、他者の言っていることは虚偽である、と言うのである。

かれらはこのように異なった執見をいただいて論争し、「論敵は愚者であって、真理に達した人ではない」という。これらの人々はみな、「自分こそ真理に達した人である」と語っているが、これらのうちで、どの説が真実なのであろうか。もし、論敵の教えを承認しない人が愚者であって、低級な者であり、智慧の劣った者であるならば、これらの人々はすべて（各自の）偏見に固執しているのであるから、彼らはすべて愚者であり、ごく智慧の劣った者であるということになる。これをさらに具体的に言えば、もしも、他人が自分を（愚者だと）呼ぶがゆえに、愚劣となるのであれば、その（呼ぶ人）自身は（相手とともに愚劣な者となる。また、もし自分でヴェーダの達人・賢者と称し得るのであれば、もろもろの（道の人）のうち愚者はひとりも存在しないこととなる。　　（同、八九〇）

ある人々が「真理である、真実である」というところのその（見解）をば、他の人々が「虚偽である、虚妄である」という。このようにかれらは異なった執見をいだいて論争する。なにゆえにもろもろの（道の人）は同一の事を語らないのであろうか。　　（同、八八三）

このようにゴータマ・ブッダは、自説のみを絶対視し、他の説を退けるその姿勢が、争いや対立を惹き起こす原因である、と教えるのである。つまり、人々は自説に執着し、それゆえに他者を排除しようとし、互いに争うがゆえに、紛争が惹き起こされる、と言うわけである。

かれらは自分の道を堅くたもって論じているが、ここに他の何人を愚者であると見ることができようか。他（の説を）、「愚かである」、「不浄な教えである」と説くならば、かれはみずから確執をもたらすであろう。一方的に決定した立場に立ってみずから考え量りつつ、さらにかれは世の中でなすにいたる、一切の断定を捨てたならば、人は世の中で確執を起こすことがない。（同、八九四）

したがって、われわれはこの争いを超えるための努力として、一切の断定、あるいは自己のみが正しいという自己の絶対化という執着を超えねばならないのである。

2　自我の超越としての無我の思想

ゴータマ・ブッダは、そのためには自我というものに対する執着を超えねばならない、と教える。つまり、人間は執着するがゆえに争いを生ずる。その執着の対象のうちで最も身近であり、わかり易い身体を例にとって、ゴータマ・ブッダはこれへの執着を超えろと教える。

神々ならぬ世の人は非我なるを我と思いなし、名称と形態に執着している。
（同、七五六）

つまり、人々は身体を尊び、それを重視し、それに執着するが、そのことが実は迷いのもとである、というのである。さらに、

洞窟（ここでは身体のこと）のうちにとどまり、執着し、多くの（煩悩）に覆われ、迷妄のうちに沈没している人、このような人は、じつに厭離（遠ざかり、離れること）から遠く隔たっている。じつに世の中にありながら欲望を捨て去ることは、容易ではない。
（同、七七二）

また、ここでは、肉体を洞窟と表現し、空虚なものというイメージをわれわれに与えようとするが、これは身体を蔑ろにしろと教えているのではない。そうではなく、身体と生命の本質を同一視し、これに執着することを戒めたのである。したがって、ブッダは、執着を離れての

身体そのものを尊ぶことは否定しなかった、というよりむしろ身体を尊んだのである。なぜなら、「だれでも、身体によって善行をなし、言葉によって善行をなし、心によって善行をなすならば、かれらの自己は護られているのです」（中村元『原始仏教の思想』I、選集一五巻、春秋社、一九九三年、五一〇頁）と考えられているからである。つまり、身体への必要以上の執着を持たなければ、身体はすべての行為の源であるがゆえに、尊いのであり、愛しいもの（pity）である、と教えている。

どの方向に心でさがし求めてみても、自分よりもさらに愛しいものをどこにも見出さなかった。そのように、他の人々にとって、それぞれの自己が愛しいのである。それゆえに、自己を愛する人は、他人を傷つけてはならない。（『原始仏教の思想』I、五一六頁）

このように、自己を愛し尊ぶがゆえに、自己と同様に他人を尊ぶ、他の人々の自己も己れと同様に尊べ、というのが仏教の根本的な教えである。ここに、前述の epieikeia と同様な思想、寛容の精神が明確化されているのである。

このように見てくるとゴータマ・ブッダの教えは、実に素朴であるが、無理のない合理性を持っていることがわかる。つまり、他者に寛容になる、あるいはなれるということは、自己を絶対視する、あるいは自分のことだけを考えるという我執の立場を超えるということであるが、それは自己を否定することでも、軽視することでもなく、むしろ尊重し、愛おしむことを基本とする、ということである。

なぜなら、「この世で自己こそ、自分の主である」がゆえに、「自分の身をよくととのえてこそ徳行を達成」できるからである。つまり、「この世では、自己こそ自分の主である。他人がどうして（自己）の主であろうか。賢者は、自分の身をよく整えて、すべての苦しみから脱れる」ことができるようになるからである。言い換えれば、自分を大切に思うからこそ、他者も大切に思えるのである。決してその逆ではない。そして、同様に他者もそのように思い、考え、行動しているのであるという発想が、それを強力に支え、信頼のネットワークを形成しているのである。筆者はこれを、縁起の思想の眼目と考えている。縁起の思想は、単なる因果応報論的な単純な世界観ではなく、自他が等しく関係し合い、関係させ合う世界観を意味している、と考えている。*

＊　『原始仏教の思想』Ⅰ、五七九頁。縁起の思想に関する一般の理解とは、あくまでも仏教の伝統的な思想を現代的にアレンジしたものが多く、その意味で輪廻思想や縁起思想そのものの現代的な意義をさらに深く考える必要がある。例えば、環境問題や移民・難民問題なども、単なる政治問題的なレベルの検討のみではなく、もっと深く、さらに広い視点が求められる。筆者にはその

意味で、中村元先生の研究が注目されるのである。また、異分野では中村桂子博士の「生命誌」という発想や、南方熊楠の曼荼羅思想（南方マンダラ）なども注目されよう。

以上のように、ゴータマ・ブッダは、物事への執着を断つことと、自らの心身を大切に思うこと、愛おしく思うこととの大切さを教える。なぜなら、それあるがゆえに人々は、他者の痛みや喜びをわがものと思えるのであり、それあるがゆえに寛容の精神が形成されうると考えたからである。この他者への思いやりは、仏教では慈悲という言葉で表現されるが、中村元先生は、これを「いつくしみ」という和語で表現された（慈悲〔いつくしみ〕については、前掲『仏教の真髄を語る』参照）。

3　慈悲の思想と寛容

前述のように、われわれが他者を尊び、慈しむことができるのは、自己を慈しむ心があって初めて成立するものである。しかし同時に、われわれはこの愛しい自己に執着することも、またしてはならないのである。

それは、なにゆえであろうか。ここに仏教独自の生命観が存在するのである。つまり、仏教では、一切の生きとし生けるもののすべてが、みな尊い存在である、と考えるからである。

いかなる生物、生類であっても、怯えているものでも強剛なものでも、ことごとく、長いものでも、大きなものでも、中くらいのものでも、短いものでも、微細なものでも、粗大なものでも、目に見えるものでも、見えないものでも、遠くに住むものでも、近くに住むものでも、すでに生まれたものでも、これから生まれようと欲するものでも、一切の生きとし生けるものは、幸せであれ。（中略）また全世界に対して無量の慈しみを起こすべし。

（前掲『原始仏教の思想』Ⅰ、七〇〇頁）

なぜなら、「この世には無駄なものは何も存在しない」（同書、七〇五頁）のである。ここから、「われわれは万人の友である。万人の仲間である。一切の生きとし生けるものの同情者である。慈しみのこころを修めて、つねに無傷害を楽しむ」（同書、七〇三頁）ということが出てくる。すなわち、「一切の生きとし生けるものにあわれみをもたらすこの工作をなして、バラモンも王族も庶民もシュードラも清められる」（同書、六九八頁）という、慈悲の基本姿勢が明確化される。

以上のように慈悲を考えれば、当然生命の尊重、つまり非暴力・不殺生に行き着くであろう。

暴力や争いがなく、互いに尊重し合い、助け合いながら社会を形成している状態、それは社会的に癒しを生む状態、あるいは癒されている状態ということができる。その意味で、社会的に癒された状態とは、真の平和の状態ということができよう。

4　仏教における平和とは

インド哲学の碩学、中村元先生は、「西洋人の考える平和とは、戦争がなくなって人々が快楽を楽しむことである。ところがインド人によると、静かなやすらぎの境地が平和なのである」（同書、八七七頁）と指摘される。

つまり、単純化すれば西洋的な平和とは、戦争という暴力行為がなく、人々が日常の生活を送れる状態、これが平和ということとなる（平和については、拙著『イスラームとの対話』成文堂、二〇〇〇年、岡本三夫『平和学を創る——構想・歴史・課題』広島平和文化センター、一九九三年）。少なくとも、心のあり方までは問題としていない。いわば表面的な、あるいは形式的な平和の規定である。ただしここで、心のあり方がまったく問題にされていないわけでは必ずしもない。

一方、インドの方では、むしろ人間の内面が重視されることになる。宗教的に満たされた状態ということであろう。当然、仏教でも社会的な争いのない状態、苦しみのない状態が、その心の平穏を造る前提である考えていたはずである。したがって両者の統合こそ、つまり個々人の内面から社会という集団全体に至るまで、一貫して争いがなく、人々が満たされている状態こそ、真の意味での平和な状態ということになる。しかし、そのような状態、すなわち癒された社会の状態が、本当に実現できるのであろうか？　筆者は、この社会的な平和を実現しようとして、現実の政治を仏教の教えに基づいて行ったのが、インドのアショーカ王であり、日本の聖徳太子や天武天皇であったと考えている。

さて、国家的な平和の状態については、後に検討するとして、個人的な平和の状態について、仏教ではどう考えるのであろうか。その点で注目されるのが、仏教の根本的な教えである不傷害・不殺生である。仏教では不傷害ということは、慈悲の実践として大変重要な徳目である（前掲『原始仏教の思想』Ⅰ、七一五頁）。それは、以下のゴータマ・ブッダの言葉からもうかがえる。

殺そうと闘争する人々を見よ。武器を執って打とうとしたことから恐怖が生じたのである。わたくしがぞっとしてそれを厭い離れたその衝撃を述べよう。水の少ないところにいる魚のように、人々が慄えているのを見て、また人々が相互に抗争しているのを見て、わたくしに恐怖が起こった。

（『スッタニパータ』九三六）

だからこそ実践修行者は、生きとし生けるものを害さない人（ahimsaka）でなければならないのである。しかもそれは、精神的にも、肉体的にも、言い換えれば言葉による暴力である罵言なども、また肉体の殺傷や捕縛というようなものも一切行わないものでなければならない。

そして、

あらゆる生きものに対して暴力を加えることなく、あらゆる生きもののいずれをも悩ますことなく、また子を欲するなかれ。況や朋友をや。犀の角のように一人歩め。（同、三五）

となる。

もちろん、これでは個人のみの心の平安ということになるので、社会構成者である個々人の徳目としては、不十分である。ゴータマ・ブッダの時代では、このようなことも許されていたが、やがて積極的な、他者への働きかけが重視されることとなった。つまり、

それゆえに、自分の友にも敵にも（平等に）慈しみの心を起こすべし。慈しみの心をもって、（全世界）をあまねく充満すべし。これはもろもろの目ざめた人の教えである。

（『原始仏教の思想』Ⅰ、九三六頁）

ということである。

このように仏教では、敵味方の区別なく、平等に慈悲をたれ、思いやるという姿勢によって社会的な平和を形成しようとしたのである。* それゆえに、すべての対立を超えて互いに理解し合い、慈しみ合った社会の建設が不可欠である。そこで争わず、みなが仲良く過ごすための社会の思想として宥和・寛容の思想が不可欠となる。というのも現実問題として、平和な社会は、諸思想・諸宗教の対立の超越、つまり宥和・寛容の思想によって初めて実現するからである（同書、七二二頁）。

＊　なお、平和については他稿に譲ることにする。

5　仏教における寛容思想再考

仏教倫理では、以上のように、他者を自らと同等と理解し、尊重し合って生きることを教えた。それゆえに異質なるものを排除せず、また自説あるいは自分の宗教を頼りに、他説や他の宗教を排除しない、という姿勢を主張した。

見たり、学んだり、考えたりしたどんなことについてでも、賢者は一切の事件に対して敵対することがない。かれは負担をはなれて解放されている。かれははからいをなすことなく、快楽に耽ることなく、求めることもない。

（『スッタニパータ』九一四）

その上で、紛争のもとである自己中心的な思想や敵対（的見方）行動に関して、それらの束縛からの解放を説く。

聖者はこの世でもろもろの束縛を捨て去って、議論が起こった時も、党派に組することがない。かれは不安な人々のうちにあっても安らけく、泰然として、執着することがない。

（同、九一二）

のである。しかも、仏教では単に争わないのみならず、あたかも（母が）愛しき一人児に対して善き婦人であるように、いたるところで一切の生きとし生けるものにたいして、善き人であれ。

（『テールーガタータ』三三二）

あるいは、

究極の理想に通じた人が、この平安の境地に達してなすべきことは、われは万人の友である。万人のなかまである。一切の生きとし生けるものの同情者である。慈しみのこころを修めて、常に無傷害を楽しむ。

（同、六四八）

このような心を、社会の構成員一人一人が持つことで、宥和した真に平和な社会が築ける、とゴータマ・ブッダは教えるのである。

こうしてゴータマ・ブッダにおいて示された理想は、マウリヤ朝の第三代王アショーカ（在位前二六八―二三二年）によって現実社会で実践されたのである。

第五章　アショーカ王の実像

1　アショーカ王と仏教的寛容思想の実践

いかなる意味でも理想は、それがどれほど素晴らしいものであっても、現実の世界に生かされてこそ意味がある。それは宗教においては、なおさら重要なことである。にもかかわらず、一般に仏教に関しては出家主義的・脱世俗的傾向が強く、現実の政治や経済といった世俗生活に、仏教の理想は反映できない、あるいはそれはなし難いことと考えられている――仏教者自身にもこのような傾向がある。

しかし、そのような考えは、政治と宗教が一体不可分の関係にあるセム的な宗教、つまりユダヤ教・キリスト教・イスラームの各宗教との比較において、あるいはキリスト教の教えを核として形成された近代西洋文明の下での政治と宗教の分析視点からするものであり、必ずしもインドや中国・日本という非セム的宗教圏を分析してえられたものではない。したがって、ここで検討するインドや日本社会を分析するには、これらの地域に即した方法論が不可欠であろう。筆者は、この点について他のところで論じたことがあるので、詳しいことはそちらに譲り、ここで結論のみを言うとすれば、仏教においては、セム的な政治・経済への直接的な関係とは異なるが、現実社会との強い結びつきを当然ながら有していたし、またそれが社会の中で強い影響力を持っていた。このことに議論の余地はない。*

＊　中村元『宗教と社会倫理――古代宗教の社会理想』岩波書店、一九五九年。大野信三『仏教社会・経済学説の研究』有斐閣、一九五六年。その他については、拙論「日本における勤労観形成のメカニズムに関する研究」『麗澤学際ジャーナル』第三巻一号、八七頁以下。拙著『国家と宗教』光文社新書、二〇〇六年、あるいは拙著『グローバル時代の宗教と情報――文明の祖型と宗教』北樹出版、二〇一八年参照。いずれにしても、宗教と経済・政治・文化が無関係であるなどということはありえない。それは日本近代の詭弁的な論理であり、誤った宗教政策によるものである。

さて、アショーカ王については、日本でもよく知られている。しかし、その王の政治哲学や善政の内容となると、それほど知られているわけではない。特に近代以降の日本では、廃仏毀釈や明治政府の敬神嫌仏思想教育もあって、仏教と社会との結びつきは、葬送儀礼にほぼ限定されるか、一種の例外として、新興仏教教団において強く主張されるにとどまっているのが現状である。*

* 創価学会が公明党を結成し、政治の世界に積極的に進出しているのは、周知のとおりである。宗教と政治や経済のあり方をしっかりと認識できる土壌を持っていれば、一九九三年の悲惨なオウム事件はある程度は防げたと思われる。拙著『仏教とヨーガ』東京書籍、二〇〇四年参照。

しかし、仏教が、人々の幸福を目指して教えを説き、これを実践しようとすれば、社会的な活動は不可避であり、政治的な活動をともなうことは当然である。つまり、仏教の精神を社会生活に生かす、より具体的には仏教の教えをもって政策として生かすということである。* この点は、明治以前の日本では当然のことであったことが再認識されねばならない。

* 仏教の政治性に関しての研究は、今後ますます検討されるべきであろう。その際、基本的な宗教認識の変換が不可欠である。

この点が、特に顕著に現われているのが、アショーカ王の治世である。アショーカ王に関して、中村元先生は、「人類の過去の歴史を回顧するならば、われわれは幾多の偉大なる帝王の姿を思い浮かべることができる。かれらは広大な地域を征服し、巨大な帝国を組織し、多数の奴隷を使用して大土木工事を完成し、壮大華麗な宮殿に栄華の日夜を送った。かれらは偉大であった。しかし、アショーカ王のように崇高な宗教的精神を懐いて大帝国の統治にあたった人は、おそらくほかに殆どいなかったのであろう」（前掲『宗教と社会倫理』一四九頁）と述べている。そのようにアショーカ王は、仏教の理想を現実社会に反映し、善政をひいた王であった。彼の思想やその実践についての検討は後に詳説するが、アショーカ王とほぼ同じ時代に、アショーカ王と同様、巨大な国家を築いた秦の始皇帝との比較を行うと、その特徴はさらに顕著となる（中村元『中村元「老いと死」を語る』麗澤大学出版会、二〇〇〇年）。アショーカ王と始皇帝との比較は、インドと中国の政治と社会、さらには文明の象徴的研究テーマとなる。

つまり、宗教的な理想に燃えて、善政を心がけ、国家経営を行ったアショーカ王と、武力と征服欲とによって中国を平らげはしたものの、その後は死を恐れ、疑心暗鬼のうちに一生を終えたあの秦の始皇帝とは、まさに対極的関係にあるのである。

以下においては、アショーカ王の政治に、仏教の理想がいかに反映しているかについて検討する。

2　アショーカ王の宗教的寛容

アショーカ王は、西暦前二六八年頃から二三二年の間、インドを統治したマウリヤ朝の第三代の王である。彼の詳しい伝承については、ここで触れる紙幅の余裕はないが、彼の存在は仏教圏においては護教の聖王として知られている（アショーカ王の研究については、中村元先生の研究の他に、塚本啓祥『アショーカ王』平楽寺書店、一九七八年など。また碑文については、E. Hultzsch, *Inscriptions of Asoka*, Meicho-fukyu-kai, 1977 参照）。しかし、彼は世界各地に見いだせるような狂信的な宗教者ではなかった。すなわちアショーカ王は、仏教のみを許し、他を弾圧するといった偏狭な宗教政策をとらなかったのである。

中村先生によれば、アショーカ王は熱烈な仏教信者であったが、決して他宗教を排斥することはなかったし、むしろジャイナ教、バラモン教、アージーヴァーカ教をも保護し育成したのである（中村元『原始仏教の思想』I、選集一五巻、春秋社、一九九三年、二五五頁）。つまり、アショーカ王は、

（神々に愛された温容ある王）は、一切の宗派の者があらゆるところにおいて住すること

を願う。彼らはすべて克己（自制）と身心の清浄とを願っているからである。ところで（世間の）人々は、種々の欲求をもち、種々の貪欲をもっているが、彼らは（克己自制と身心の清浄との）すべてを行うべきである。

（『摩崖勅令』七章。アショーカ王の勅令の訳は、中村元先生の訳を引用。中村元『宗教と社会倫理――古代宗教の社会理想』岩波書店、一九五九年より）

このようにアショーカ王は、すべての宗教・宗派の活動を許し、それを援助し、彼らが自らの宗教に専心できるようにはからったのである。そしてそこには、アショーカ王の次のような宗教に関しての確信があった。

しかし（神々に愛せられた王）が思うに、すべての宗派の本質を増大せしめようとすることのように、かくもすぐれた施与または崇敬は（他に）存在しない。

（『摩崖勅令』一二章）

つまり、すべての宗教を保護し、すべての宗教が互いに争うことなく、社会に浸透し、よりよい社会を造る、という強い意志である。もちろん、アショーカ王はすべての宗教が無秩序に行動してもよいと言っているのではない。そこには自ずから制限がある。それは、（神々に愛された温容ある王）は、出家者と在家者との一切の宗教を施与によって崇敬し、また種々の崇敬をもって崇敬する。（すべての宗派の）本質の増大は多種の方法によって起こるけれども、その根本となるものは、言語をつつしむこと、すなわち不適切な機会においてもっぱら自己の宗教を賞揚し、また他の宗教を非難してはならないこと、あるいはそれぞれの機会において温和であるべきである。

そうであるからこそ（各自は互いに）それぞれのしかたによって他の宗教を尊重すべきである。もし（互いに）このようにするならば、みずからの宗教を増進させるとともに、他の宗教をも助けるのである。

このようにしないときは、みずからの宗教を害する。なんとなれば、まったくみずからの宗教に対する熱烈な進行により、「願わくば自分の宗教を輝かそう」と念じて、みずからの宗教をのみ賞揚し、あるいは他の宗教を批難するものは、こうするために、かえって一層強くみずからの宗教を損なうのである。ゆえにもっぱら互いに法を聴き合い、またそれを敬信するために（すべて）一致して和合することこそ善である。けだし（神々に愛されかし王）の希望することは、願わくばすべての宗教が博学でその教義の善きものとなれかし、ということだからである。

（『摩崖勅令』一二章）

このように、アショーカ王は法勅によって述べている。そしてアショーカ王の理想は、法勅として、各地に発布され、教法大官などの官吏によって実行に移されたのである。その結果、

彼ら（教法大官）は、一切の宗派のあいだにおいて法を確立させるために、また法を増進させるために、あるいはギリシア人、カンボージア人、ガンダーラ人、ラティカ人、ピティカ人、または、他のすべての西方の隣邦人の中で法の実践に専心している者の利益・幸せのために活動する。

（同、五章）

これこそ、まさに地域、民族を超えた不戦主義的な立場の布告であり、あらゆる宗教（法）を保護し、またそれらの信徒を差別なく扱う、という政策である。

このように、地域、民族、そして思想や教えの差異を超えて、平等にその平和と繁栄を希求すること、それこそ究極的な利益と幸福であるが、それらを政策として守る、という決意を訴えている。これを聞いた人々は、信仰や民族によって弾圧され、時には抹殺さえ当然とも言える古代社会において、どれほど安堵感を持ったことであろう。

この政策の基本思想こそ、ゴータマ・ブッダが示したものである。それをアショーカ王は政治の場において実現しようとしたのである。

3　アショーカ王による法の普及と実践

仏教の理想を現実の社会に生かそうとするアショーカ王にとって、現実の生活もまた仏教の理想に貫かれていなければならなかった。では、その理想とは何か。それは慈悲の政治ということである。そして、それを実践するためのものが、アショーカ王が「法（dharma）」と呼ぶものであった。この法は、人間のあるべき姿、理想としての規範を意味するものであり、それゆえにすべての人々によって実践されるべき徳目を含んでいるとされる。

そして、それ故にそれぞれの人が、それぞれの立場で現実社会において実践することが要求されるわけである。彼は言う、「法とは善である」（『石柱勅令』二）、つまり、法は善であるが故に実践されなければならない、とするのである。それでは善である法とは具体的に何を言うのであろうか？「曰く、（法とは）汚れの少ないことと、衆多の（数多い）美徳と、あわれみと施与と真実と（身心の）清浄とである」（『石柱勅令』二）。さらに、「この法の敢行と法の実践とは、あわれみと施与と真実と（身心の）清浄と柔和と善良とである」（『石柱勅令』七）。そして、「神々に愛される王は、一切の生類に対して傷害をなさず、克己あり、こころが平静で、平和なることを願う」（『岩石勅令』一三章）のであり、これは王のみならずすべての人々に奨励された。つまり、「けだし、たとえ莫大な布施をなさない人にとっても、克己抑制、身心の清浄、報恩の念、堅固な信仰は、実に常に（力あるものとして）残る」（『岩石勅令』七章）。

このように、彼は一切の生きとし生けるものの生命を尊重し、自らの身を律して、民衆の福利のために、一生を捧げたのである。

4　「仏教的理想」社会の実現

周知のようにアショーカ王は、自らの悲惨な戦争体験から、仏教に深く帰依し、争いのない平和な国家を建設すべく、（仏の理想とする）法に基づく統治を目指したのである。この点で、何百万人もの自国民を自らの政策のために犠牲にすることを厭わなかった秦の始皇帝と対照的である。

既述のように、アショーカ王の法とは、「現世ならびに彼岸の世界に関する利益安楽は、法に対する最上の敬慕、最上の考察、最上の敬信、最上の努力なくば、正しく行うことが難しい」(『石柱勅令』一)ものであるけれども、しかしそれを実践すれば、「たとい身分のひくい者であっても、精勤すれば、広大なる天界に到達するを得るであろう」(『小摩崖』一)というものと考えられた。

したがって法の実践は、誰でもどこでもできるものであるがゆえに、すべての人がこれを実践することが善とみなされ、またそう要求もされた。つまり王自ら、「われは(わが)政令に関しても、また政務に関しても、満ち足りたと思うことがない」(『小摩崖』六)のであった。つまり、彼は常に「全世界の利益」を願い、そのために自らも日夜努力したのであった。彼は言う、

過去長期の間、未だかつて(いかなる王といえども)、どんな時にでも政務を裁可し、あるいは上奏を聞くということは無かった。ゆえにいま、われ次のごとく命ずる。すなわち、われが食事中であっても、後宮にいても、内房にいても、飼獣寮にいた時も……上奏官は人民に関する政務をわれに奏聞すべきである。しからば、われはいずこにあっても、人民に関する政務を裁くであろう。

(『小摩崖』六)

彼は仏教の教えによる、つまり法による理想国家の建設を目指し、不断の努力を惜しまなかったのである。しかも、この法は王のみならず、

身分の低いものでも、身分の高貴な者であっても、ともに励ましてつとめるように、といって、またわたくしの辺境の人々でもこれを熟知するように、といって、そうしてこの政令が永く存続しうるように、と発せられたのである。
（『小岩石詔勅』一）

このように、善なる法が王から民衆に至るまで実践されれば、平和な社会が形成されることとなる。この善なる法による社会統治は、各地に広がった。

この（法による）勝利は、ここ、すなわち（神々に愛された王）の領土においても、また六百ヨージャナに至るまでのすべての辺境の人々のあいだにおいても――そこにはアンティヨーカという名のヨーナ人の王がいる。さらにそのアンティヨーカ王を越えたところにトゥラマヤ王とアンティキニ王とマーカ王とアリカスダ王という名の四人の王がいる。（中略）さらに（神々に愛された王）の使節のいまだ赴かないところにあっても、人々は

（神々に愛された王）の法と実行と規定と法の教えとを聞いて法に随順しつつあり、また将来にも法に随順するであろう。このようなことによって得られた勝利は、全面的な勝利である。そして全面的な勝利は喜びの感情をひき起こす。いまや法による勝利において喜びが得られたのである。しかしその喜びも実は軽いものにすぎない。彼岸に関することこそ大いなる果報をもたらすものである、と（神々に愛された王）は考える。

（『摩崖勅令』一三）

つまり彼の法、それは「不殺生」「不傷害」「精勤」「他者への思いやり」等々であるが、この仏教的な徳目の実践により、国が安定し、国庫は富み栄えたのである。したがってこの法による統治は、その領土を越えて世界に広まっていったのである。

しかも、それはアショーカ王の富や名声のためではなく、あくまでも一切衆生のため、人民のためであった。アショーカ王は言う、

一切の人々は我が子である。あたかもわが諸皇子のために、彼らがこの世およびかの世のすべての利益・幸せを得ることを（親であるわたくしが）願うのと同じく、またすべての人々に対してわたくしはこれを願う。

おもうに未だ服従しないもろもろの辺境は、「王はわれわれに対して何を欲するのであろうか?」と思うことであろう。しからば、次のことこそ実に辺境人に対してわが願うことである。すなわち「(神々に愛された王)はこのように望む。(中略)諸々の辺境人がわたくしを怖れることなく、わたくしを信頼し、わたくしから幸せのみを受け、苦悩を受けることがないように」ということを彼らに了解させ、また「(神々に愛された王)は、恕しうることはすべてわれわれのために恕してくれる」ということを了解させるのである。そうして彼らがわが(教え)によって法を行って、この世に関する(利益・幸せ)を得るに至るようにさせよう。

(『別刻岩石勅令』二)

このようにアショーカ王は、仏教精神をもって、王国を治めた。また、仏教的な精神に則り、彼は生きとし生けるものの幸福を実現させるため、つまり慈悲の政治政策を以下で紹介するように講じたのである。

5　尊重の政治の実践

まず、不傷害・不殺生であるが、彼は「生類を屠殺しないことは善である」(『勅令』三章)

との仏教的精神から、「ここ（自分の領土内）では、いかなる生きものをも殺して犠牲に供してはならない。また祭宴を行ってはならない」（第一法勅）とした。そして、単に生類の殺害を禁止したのみならず、

（神々に愛された温容ある王）の領土のうちではいたるところに、（中略）他の諸王の国内のいたるところに、（神々に愛された温容ある王）の二種の療病院が建てられた。すなわち、人々のための療病院と家畜のための療病院とである。そして、人に効があり、獣に効があるいかなる薬草でもすべて、それの存在しない地方へはどこであろうとも、そこへそれらを輸送し栽培させた。また木の根や果実の存在しないところでは、どこであろうとも、そこへそれらを輸送し栽培させた。また道の傍らには井戸を掘らせ、樹木を植えさせた。……それは家畜や人々が受用するためである。（『摩崖勅令』二章）

というように、それぞれの生命を貴び、そのための最大限の努力も行ったのである。そしてそれは、「一切の生きとし生けるものに対して、傷害をなさず、克己あり、心が平静で柔和であることを願うからである」（同、一三章）という彼の信念に発しているのである。

彼は、これらの信念を具体化したものを「法」と呼び、この「法」を実践することを自らの

使命とした。そして、この法を自らも実践し、また人々に知らしめるために、「すなわちひとびとがこのように実践遵奉し、また、（この理法が）永久に存続するように、ということを目指して（この法は、岩や石などに）刻まれた」（同、二章）。

以上のようなアショーカ王の政策は、国内における罪人の死刑の廃止にまで及んだと言われている。はるか後、インドを訪れた中国僧の玄奘三蔵は、アショーカ王の子孫が治める一小国の事例として、「そこでは、アショーカ王以来、今日に至るまで罪人への死刑が廃止されている」（水谷真成訳『大唐西域記』全三冊、平凡社東洋文庫、一九九九年）と伝えている。

6　自己犠牲という究極の寛容

とはいえ現実問題として、対立あるいは敵対する人間や集団は存在する。そのとき、どのようにしたらよいのであろうか？　まず、争いのもとは既述のように、相互不信や三毒と仏教で表現するような人間の感情が、その基にある。すべては心の問題ということであり、これが仏教の基本である。もちろん、物欲なども含めると争いの源は無限と言ってよいほど存在するが、究極的には心がそれを欲するとき、現実の行動が惹き起こされる。仏教は、この心の動きを突き詰め、その根を断つことを目指した。とはいえ、出家修行者と世俗生活者とでは、その理念は共有できても、実現の方法、つまり実践の方法はまったく異なる。

仏教では、この点を象徴的にではあるが、具体的なたとえ話として表現する。特に、仏教で強調しているのは、自己犠牲の精神である。この自己犠牲の教えこそ、仏教の基本的精神である。具体的には『ジャータカ（本生譚）』と言われる、ある種のブッダ伝にある。

ここには、現代人から見れば荒唐無稽とも言えるような話が多いのであるが、しかしその話を貫いているのは、常に自己犠牲の精神である。ここでは、自己犠牲をめぐる詳しい分析は控えるが、仏教の自己犠牲とは、自らの身を引くことで、他者を助け、結果的に自己を生かす考え方である。例えば、有名な法隆寺の玉虫厨子にある捨身飼虎《しゃしんしこ》のモチーフがある。

飢えて弱った母虎が、子どもを食べて生きながらえようとするのを見て、ブッダの前世の兎が、自らの肉体を与えるという話である。これは現代人としてのわれわれには、単なる作り話と映るであろうが、仏教の、高い理想のためには自らの命すら捧げるという教え――もちろん、これを悪用、あるいは一知半解で悪用すると、戦前の神風特攻隊のような悲惨なことになる――、しかし仏教では、他者の命を奪うための自己犠牲などを説いてはいない。ここで言われているのは、仏教の高い道徳性への自己献身、自己犠牲である。したがって、国家の利益や国民の利益というような抽象的なものを意味しているわけではない。というのも、国家とは所詮、国王はじめ権力者のことであり、権力者を必要悪と考える仏教では、国家や権力者のために命を捧げるという道徳律は原則としてない。むしろその反対は、山背大兄王《やましろのおおえのおう》の事例に見られるように、存在する。もちろん、この挿話には理想主義的な面も存在する。しかし、その理想がなければ、常に力と力とが衝突し、何よりも武力が優先する社会になる。

現在でも、インド社会への一種の崇敬を生んでいるマハトマ・ガンディー（一八六九―一九四七年）の存在とその生き方が、この仏教思想の伝統を引いていることは周知のことである（マハトマ・ガンディーについては、ガンディー『私の宗教』竹内啓二ほか訳、新評論社、一九九一年）。しかも、その伝統は、日本に於いても継承されているのである。

特に、敬虔な仏教徒として政治を担った天皇の存在意義は、より深く研究されるべきであろう。この点でも、近代以降の研究は反省すべきである。その意味で、後醍醐天皇と光厳天皇の再評価は不可欠であろう（この点は、他稿にて検討予定）。

Ⅱ

ブッダと梵天

——仏教の平和思想とその起源

はじめに

ここでは、仏教の盛衰を一つの理論、すなわち仏教独自の他者認識である梵天勧請理論によって統一的に考察することを目指す。これは、筆者の長年のテーマを解決するための鳥瞰図的試論である。まず、その課題であった二つの事象とは、仏教という宗教の発生から世界への拡大の原動力となった根本思想の考察である。つまり、インドで生まれた宗教である仏教が、なぜ平和裡に世界各地に伝播し、それぞれの土地で既存の宗教と相利共生関係を樹立し、定着、拡大できたのであろうか？　またそれゆえに仏教は、平和宗教と評価されるようになったのであるが、ほかならないその原動力となった思想の解明である。そして、今一つは、インドをはじめ、かつて仏教が伝播隆盛した地域における仏教の衰退、あるいは消滅の理由の考察である。

従来の研究では、この両者は別々の研究対象であり、かつ別々の要因によって説明されることが多かった。また伝統的に仏教の拡大は、仏教という宗教の合理性や平等主義、人間尊重主義の高い理想が、地域や時代を超えて受け入れられた、というように説明されてきた。もちろん、そのような視点は重要であるが、しかしそれぞれの宗教は、みな自らを至高の存在、普遍的な教えと位置づける。特に、世界に伝播したいわゆる普遍宗教と呼ばれる宗教は、そのように主張する。つまり、仏教が普遍的な真理を説いた宗教だから世界に受け入れられたという説明は、仏教独自の拡大の理由、しかも平和的伝播を十分説明していないのである。

また、仏教の衰亡に関する研究においても、後に検討するように、イスラームの暴力とヒンドゥー教への吸収というような大雑把な説明が与えられ、以後は久しく放置状態にあった。この状態に一石を投じたのが、筆者の前著作、『インド仏教はなぜ亡んだのか――イスラム史料からの考察』（北樹出版、二〇〇四年）であった。しかし、筆者自身もイスラーム史料の検討からえた結論そのものに完全に納得できたわけではなかった。つまり仏教の衰亡、さらには盛衰を論じるには、もっと広い事例研究を行う必要があることはもちろん、さらに仏教独自の思想的な検討も不可欠であると痛感した。特に、仏教の盛衰を貫く思想的な背景を探ることが不可欠と考えてきた。

そこで筆者は、仏教の世界展開に関して、その思想的原動力として、ゴータマ・ブッダ（釈尊）その人の言葉が最も正確に伝えられているとされる、原始仏教（阿含）教典の教えにある、「梵天勧請《ぼんてんかんじょう》の教え（思想）」に着目した。なぜなら、この梵天勧請の教え（思想）によって、仏教はその世界展開にあたり、平和裡に他の宗教と相利共生関係――これを日本的に言えば、神仏習合関係と表現できる——を築き上げることができた、と考えられるからである（詳しくは、拙論「仏教における平和思想の原型の研究」『中央大学政策文化研究所年報』第二一号、中央大学政策文化研究所、二〇一八年、二三—四〇頁参照）。

そして、仏教の衰亡に関しても同様に、この梵天勧請の思想によって、その内的な理由を説明できる、と考える。言うまでもなく、この問題は大きな問題であるので、以下の論考は従来の筆者の研究に、その後の成果を付加し、さらなる研究の充実を見通すための試論という位置づけである。いずれにしても、仏教の他地域への平和的拡大要因の研究と、仏教の衰亡原因に関する研究とについて、仏教の根本的な思想を土台として、その説明を試みるというのが、ここでの研究の主眼である（拙論「平和思想としての寛容思想の可能性について」『中央大学政策文化研究所年報』一九号、中央大学政策文化研究所、二〇一六年、三—二〇頁参照）。

第一章　仏教の盛衰研究の問題点

1　仏教の衰亡

かつての著作において筆者は、イスラーム史料『チャチュ・ナーマ』を用いて、従来謎の多かったインド仏教の衰退に関して考察した。特に、筆者が用いたイスラーム史料である『チャチュ・ナーマ』によって、西インド仏教の衰亡の同時代史料から、この問題を扱うことができた。その結果、仏教の衰滅には、イスラーム教の台頭、襲来による国際環境のみならず、民族宗教であるヒンドゥー教との関係が大きく損なわれ、その結果として仏教はインド亜大陸における社会的な役割を終え、ヒンドゥー教とイスラーム教との両陣営に吸収されていった、という結論であった（前掲『インド仏教はなぜ亡んだのか』参照）。

ところで従来のこの問題に対する解釈は、仏教はイスラーム軍の暴挙によって宗教施設を失い、その結果、ヒンドゥー教に吸収合併されたという漠然としたものにとどまり、その後ほとんど放置されていた。そして、この問題に新たな視点を加えようとしたのが、筆者の先の研究であって、その要点は、「仏教徒はイスラーム教に改宗した」というものであった（同書参照）。たしかに、かつて仏教が現実に盛んであった、現在のパキスタン西北部であるガンダーラやカシミール、さらに東ベンガルなどは、イスラーム教徒が圧倒的多数派の地域となっている。また、インド亜大陸から、中央アジアにかけても事情は同様である。それは、なぜであろうか？　従来の結論である、「仏教はイスラームの暴力によって衰滅した」といった単純な結論では、当然納得のいかない問題である。もちろん、そのテーゼを単に否定するものではない。事実、インド各地の仏教施設は、イスラーム教の軍隊によって壊滅的な破壊を被っているのである（拙論「インド仏教の衰亡」臨済宗研修会講義、二〇〇八年）。

その点から考えれば、イスラーム教徒によって仏教施設は破壊された、ということは事実として言いうる。しかし、このときに問題なのは、仏教徒の処遇である。彼らがみな殺しになったというほどの殺戮の記録はない。しかし、仏教はその後復興していない。ところが同じように攻撃されたヒンドゥー教は、いまだに栄えている。その差は何か、ということも考察しつつ、この問題への結論は導かれなければならない。

さらに言えば、イスラーム地域の昨今の状況から、暴力を躊躇なく用いる彼らの聖戦思想に対する恐怖心が強調され、仏教がインドや中央アジアで消滅したのは、「イスラームの軍隊などの破壊行為が原因である」という説が、いっそうの説得力をもって受け入れられる傾向にある。しかし現実には、必ずしもそのような単純な理由ではなかったのである。それをイスラーム側の史料などを用いて考察した結果が、拙著『インド仏教はなぜ亡んだのか』（前掲）で展開した「仏教徒のイスラーム改宗説」ということになる。

もちろん、すべての仏教徒がイスラーム教に改宗したわけではないし、イスラーム教の暴力によって殺戮されたわけでもない。肝心なことは、当該地域から仏教が衰滅した理由は多様であり、またそれに要した時間も、数世代あるいは数百年を経る場合もあったということである。また、改宗行為そのものにも多様な形態があり、改宗すれば即、仏教的な要素をすべて切り捨てたというわけでもないようである。従来の通説は、細かな研究の積み上げによって導き出されたものではなく、その意味で、より厳密な史料や現地調査などが求められるべきレベルのものであった（拙論「東インドにおける仏教の衰亡」、奈良康明ほか、『シリーズ大乗仏教』第三巻、春秋社、二〇一三年、二一一頁以下参照）。

そこにイスラーム史料、それも仏教消滅の当事者であるイスラーム側の史料を用いての研究は斬新であった、と言えよう。しかし、「イスラーム教への改宗説」と言いうるものが完全に認知され、納得を得られたわけではない（なお、最新の研究成果は、拙著『インド宗教興亡史』〔前掲〕

に示した）。

2　以前の結論からの出発

実は筆者自身、前著作で考察した結論に誤りはないと考えてはいるが、しかし以前から疑問はあった。それは、『チャチュ・ナーマ』の記述に限らず、仏教徒が無防備あるいは無節操とも言えるほど簡単に、イスラーム教を受け入れてしまったという事例が、インド以外にも、例えば中央アジアにおいて見いだせるからである。その事例は、後に検討するバルフ（現在のアフガニスタン）の名門一族、バルマキド一族の改宗に象徴される事例である。

この点に関して筆者は、仏教徒のこのような現代的な視点から見れば節操がないと言わざるをえないほどの安易な改宗の理由がどこにあるのか？　また、それには何らかの思想的な背景があるのか？　あるいは、なかったのか？　に関して、試案をめぐらしてきた。つまり、仏教への信仰が単に弱かったとするべきなのか、はたまた仏教側の戦略であったのか。仏教徒の示したイスラームへの安易とも思える改宗の理由は何かが、筆者に新たに生じた疑問であった。そしてさらに言えば、それがインド仏教のみならず他の地域における仏教の衰亡原因と関係があるのか、ということへの疑問が生じたということである。

そこで筆者が考えたのは、仏教のインドや中央アジアにおける衰亡原因は、仏教を貫く何らかの根本的な要因に拠るのか、あるいは仏教外の要因に拠るのか、という点であった。つまり、それは基本的に仏教内の要因なのか、仏教以外の外因なのか、ということである。また、それを突きとめるためには、仏教の隆盛と衰亡の原因はそれぞれ別の衰因にあるのか、あるいは仏教の中にその両方に共通する原因があるのか、という点を明らかにすることが必要なのではないか、と考えるに至った。そこでは仏教の非暴力の教えといった独自の教理を想定することもできる。しかし、後に多少触れるように、インドの宗教において、仏教と姉妹宗教であるジャイナ教は、仏教以上に徹底した非暴力・不殺生主義の宗教であるが、インドにおいて少数派ながらも依然として存在し、社会的に重要な位置を占めている。つまり、仏教の非暴力思想の重要性は否定しないが、それだけではインド、さらには他地域の仏教の盛衰を説明するには十分ではないのである。

というのも非暴力という同様な教えを説きながら、仏教はジャイナ教とは異なり、インド世界以外にも大きく進展した。とすれば、仏教が他地域に積極的に進出した理由は、仏教教理、すなわち仏教独自の思想にその原因を求めることができるのではないか、という発想である。

3　梵天勧請という仏教の共生戦略

そこで筆者は、仏教の世界展開を可能にした教えとして、仏教独自の思想である梵天勧請に着目した。この梵天勧請という教えは、仏教独自の他者認識であり、原始仏教以来の仏教の根本教理でもある（拙著『仏教における平和思想の原型の研究――梵天勧請を中心に』中央大学政策文化総合研究所、二〇一七年参照）。

この梵天勧請を、仏教の他者認識の基本の思想構造と理解すれば、後発宗教である仏教が、インドにおいて伝統宗教であり、民族宗教であるバラモン教（後のヒンドゥー教）と非暴力的に融和し、拡大できた――ここでは、これを相利共生関係と呼ぶ――、その根本要因であると説明することができ、さらに言えば、そもそも相利共生を目指す宗教である仏教においては、非殺生、非暴力、そして他者への積極的な関わり、いわゆる慈悲の思想が導き出されることになる。また、他者との積極的な相利共生関係の構築に不可欠な、自我の抑制など、仏教特有の無我あるいは空の思想が生まれる要因も統一的に説明できる、と思われる。さらに言えば、これこそ仏教の拡大戦略を支え、仏教が世界宗教へと成長した原因であった。

いずれにしても、梵天勧請の教えによって生み出された、利他共生（さらに共利共生）思想によって、仏教は首尾よく他の宗教と平和裡に共生できたことになる。そして、両者において相利共生の関係を生み出せたとき、仏教は大きな進展を遂げることが可能となるし、その逆に仏教との共生を拒絶する宗教との遭遇は、非暴力主義の仏教の衰亡ということになる、これが筆者の仮説である。

また後者の場合は、二つのパターンがあり、その一つは他宗教との出会いにおける場合であり、その二としては、いったん相利共生関係を構築した後の、他宗教の変貌である。どちらの場合も、非暴力や不殺生として武力・暴力を否定する仏教は、他者の暴力や武力に無力であり、結果的に衰退、さらには衰亡へと帰着する。

以上のように、この章では仏教という宗教の盛衰の原因を、梵天勧請という仏教の根本思想に求め、統一的に説明しようとする。それは新しい試みと言える。いずれにしても、仏教とイスラームの問題だけに限定して考える限り、不可解と思われた仏教徒の改宗、あるいは他宗教への接近行為も、仏教による他宗教との関係の構築というかたちで一般化してみると——仏教とバラモン教（後のヒンドゥー教）、仏教と神道などと具体的に拡大して考えると——、異なった視点が見えてくる。つまり、仏教の他宗教との関係構築をパターン化することで、仏教の対他者戦略とも言える根本姿勢がうかがえるのである。

そしてこのことを筆者は、日本の仏教と神道との関係性を表わす言葉である「神仏習合」を用いて表現できると考えついた。詳しくは後に検討するが、仏教徒が、自らはイスラーム教徒に改宗したと思わしめるほどに、簡単に彼らの信仰や儀礼を受け入れたのは、仏教の神仏習合思想の伝統に沿ったごく自然の行為であったのではないか、ということである。以下で、この仏教の対他者戦略とも言える梵天勧請思想、そしてその展開としての神仏習合に関して検討してみよう。

4　梵天勧請と神仏習合

梵天勧請については、後に改めて検討するが、仏教とバラモン教との関係も当初はそうであったし、仏教が伝播した他の地域、特に中央アジア、東・南・東南アジア諸国における仏教と既存宗教との関係では、総じて仏教による既存宗教への歩み寄り、あるいは無条件の受け入れによって共存関係が築かれている。仏教がこのように融和的相利共生を築くことを可能にしたのが、『梵天勧請経』に象徴される仏教の他宗教との共生思想である。

その点を検討してみると、仏教が世界展開した各地において、日本における「神仏習合」関係と呼びうる、それと同様の関係が構築されていることがわかる。もちろん、この神仏習合という言葉は、日本における仏教と神道との関係を表わした語であるが、しかし仏教と、その伝播地域の既存の宗教の神々との相利共生関係の形式を表現することにおいて、汎用性のある言葉である。

因みに、神仏習合とは、「神と仏が習《かさ》なり合う」という字義である。出自を異にする神（複数形もあり）と仏とが、多様な形態を取りつつ重なり合うという現象を表現しているのである。そこには各種の相違を超えた一体感が表現されている。同様の思想は、インドにおいてはアバターラ（avatāra ＝化身、日本では権現、本地垂迹）がある。しかし、これらは出会ったもの同士相互に、オリジナルとその展開と捉えるという暗黙の前提条件があり、必ずしも両者は平等ではない。その点が、習合のような重なり合いを強調する思想とは異なる。したがって、日本では逆本地垂迹思想などが、神道側から主張されるようになる。

この習合思想の根源に、梵天勧請という仏教の他者認識の基本型、つまり仏教と他の宗教が軋轢なく相利共生関係を構築できる思想的なバックボーンがある、というのが筆者の考えである。もちろんそれは、相手の宗教がその理論を受け入れたとき、あるいはそのような関係を生み出せたときの現象ではあるが。

その意味で、厳しい排他性を持つイスラーム教とでは、この仏教の抱え込み、抱き込み現象とも言える神仏習合関係が構築できなかったということではないか。*その一方、相利共生関係つまり神仏習合関係は構築できても、内的に深く他者を抱え込んだ仏教が、他者の変貌によってなすべなく排除されてゆくといったことも当然考えられる。その典型は、日本の明治以来の廃仏毀釈・嫌仏政策である。両者は現象としては異なるが、どちらも仏教の他宗教との関係性において生まれた事象である、と筆者は考えている。

＊　ただし、これは教団という社会組織を中心に論じる場合であり、思想的な融合はその限りではない。詳しくは、拙論「仏教とイスラームの連続と非連続——多神教徒との共存可能性をインドのスーフィズム思想に探る」、梅村坦編著『中央ユーラシアへの現代的視座』中央大学政策文化研究所研究叢書二一、二〇一六年参照。

5　神仏習合の広がりとその限界

いずれにしても神仏習合という場合の神とは、日本の神のみならず、各地域の民族宗教、具体的にはそれらの神々と仏教との相利共生関係を表わす普遍的な現象を表現した言葉ということができる。この現象は、インドをはじめ、中央アジア・中国・日本・チベット・南アジア・東南アジア、そして今はほとんど跡形もないが、ペルシアなどのイスラーム世界、そしてキリスト教世界にも及んだのではないか、と考えられる。さらに言えば、近現代における欧米地域への仏教の展開、特に昨今のアメリカにおける科学と融合した仏教のあり方、例えばマインドフルネスなども、この角度から論じることが可能となる。

特に仏教研究において重要な、ヘレニズムやペルシア思想との相関関係に関しては、多くの学者が論じている。筆者も、仏教の思想的な面を、神秘主義思想の典型的な事例としてのプロティノスやアウグスティヌス、さらにはペルシアの思想家、中国の思想家らとの関連で検討したことがある。しかし、それらはいわば個別思想家をそれぞれが属する宗教や思想集団の代表、あるいは象徴として論じたものであり、それぞれの宗教の根本形態として論じたものではない。

しかし、この梵天勧請思想、つまり神仏習合思想は、仏教という宗教の他者認識、あるいは他者との共生のための根本理念を表わすもので、個別の思想とは別次元の重要性を持つ。その仏教の根本思想における神仏習合思想こそ、仏教が世界宗教へと成長する原動力となった。そして同時に、その思想が時として、逆の事象、つまり仏教の衰亡を招くことにもなった、というのが筆者の考えである。

この点は、前にも多少触れたが、仏教は梵天勧請理論によって無防備とも言えるほどに他者に接近することとなり、他の宗教を内に抱え込むことになる。その意味で、仏教にとっては、すべての宗教と神仏習合の関係を結ぶことが生存戦略であったということになる。

しかし、神仏習合関係が成り立たない、あるいは許されない相手として、イスラーム教というセム族の一神教——筆者はこれを排他的一神教と呼んでいる——があったのである。そして、その宗教との共生関係を構築できなかったがゆえに、インド・中央アジア・東南アジアなど、かつて仏教が盛んであった地域において、仏教——教団を中心とする仏教組織——は滅んだ、というのが筆者の考えである。

実は、仏教が滅びないまでも、仏教の弾圧にはインド・中国・日本における排仏思想と運動があり、そのつど仏教は壊滅状態に瀕した。しかし、これらの地域の排仏は、政治的なものであったり、不徹底であったりで、結果的に仏教の当該地域における存続を不可能にするまでには至っていない。この点は、前著（『インド仏教はなぜ亡んだのか』）でも指摘したが、検討が不十分であった。ここでは、この点についても簡単ではあるが考察することにする。

いずれにしても、仏教の衰亡原因の研究では、まず仏教が当該地域に伝播し発展していなければならない。その上で、仏教の衰亡原因が考察されることになるわけである。そして以上のように、ここでは単に仏教の衰亡原因を外部の圧力など他者に求めるだけではなく、仏教内の、それも仏教の隆盛と衰亡（特に排仏運動）を招いた、仏教が内包する内なる根本思想を解明する、という発想をとる。

そこで現象としての梵天勧請の教えを普遍的な現象として表現した言葉として「神仏習合」を定位し、この仏教特有と言える、他宗教との関係性構築思想に着目し、仏教の盛衰現象を一つの理論で説明を試みる、というのがここでの意図である。

以下において、梵天勧請理論から、仏教の盛衰について考察するが、その前にまず梵天勧請に関する現在の仏教研究の問題点に関して、簡単に触れておこう。

6　現在の仏教研究との齟齬

まず、梵天勧請とはいかなるものかということであるが、一般的な認識を示す仏教辞典などでは、「梵天勧請」の項目ではなく、広く「勧請」の用語説明において、「すすめうながし、請い願うこと、仏伝においては、開悟した釈尊に対して梵天が一切衆生のために法を説くように勧請したことが有名である」（中村元ほか編『岩波仏教辞典』岩波書店、一九八九年）などと、ごく簡単に触れられているのみである。その他、現代的な仏教学を専攻する仏教研究者の間では、実はこの梵天勧請という教えは、神話——作り話的な意味として用いられている——として理解され、あまり関心を払われていないのである（詳しくは、前掲、拙論『仏教における平和思想の原型の研究』参照）。

その理由としては、以下のような近代仏教学の特質が考えられる。近代仏教学は、実は明治以降に西洋から導入された西洋出自の研究手法をとるものであり、キリスト教の文献考証学が基礎となり、文献中心の文字史料解釈に主眼が置かれている。つまり、キリスト教徒である、仏教文献の研究者が、文献のテキストクリテイークなどを中心とし、キリスト教の聖書学における聖典考証の手法を応用して造られた学問であり、文字の背景にある意味解釈といった、いわば信仰領域の宗教的な視点に関しての研究には、あまり重点が置かれていない。というよりも、迷信あるいは非合理として、そうしたものへの言及には、学問としての仏教研究という視点からする客観性の重視という主張の下で、重きを置かない傾向にある。この点を極めて明快に説明しているのが、リチャード・ゴンブリッチの『インド・スリランカ上座仏教史――テーラワーダの社会』（森祖道ほか訳、春秋社、二〇〇五年）における、「インドの宗教を研究する学者の主目的は、西洋古典学の考え方、あるいは多分にプロテスタント原理主義の影響を受けて、原典の内容を復元し、その原著者が考えた原意を確認しようとすることにあった。当然これは有意義な目的であるが、しかし何時の場合もそれが成功するとは限らないし、またそれだけを唯一の目的としなければならない理由など、どこにもない」（同書、三七頁）という指摘である。

というのも、筆者は文明と宗教との関係について、次のように考えているからである。文明形成の基本構図（プロトタイプ）であって、いわば文明のシナリオとも言うべき存在として宗教があり、その宗教の時間的継続性や地域的な同一性こそが、文明と呼ばれる時間的・空間的領域を超えて、あるいは貫通する共通性や連続性、また統合性を造る核である、と。その考え方からすると、宗教の統合性とは、その聖典や儀礼によって維持され、それらを継続的に連続させるために教団組織が、さらにはそれを支える人間組織――その典型が国家であるが――が必要となる（拙著『グローバル時代の宗教と情報――文明の祖型としての宗教』北樹出版、二〇一八年参照）。

そして、近代文明のプロトタイプはキリスト教に認められる。さらに言えば、近代文明はとりわけ一六世紀以来の近代という新しい西洋文明の一部であり、それはプロテスタントと呼ばれる新しいキリスト教の宗派によって開拓されたと言えよう。少なくとも、その多くが革新的なプロテスタント信者によっていたことは、決して偶然とは言えないであろう。

その意味で西洋近代文明は、西洋近代キリスト教（プロテスタント）文明と呼ぶことができる、と筆者は考える。とすれば、その文明化において生まれた近代科学の思想や方法論には、当然キリスト教的、さらに言えばプロテスタント的な発想がその基礎にある、ということになる。したがって現在の宗教研究も、無意識下においてその発想が強く作用しているということは否定できないであろう（バートランド・ラッセル『西洋哲学史』市井三郎訳、みすず書房、二〇二〇年など）。

第二章　梵天勧請と『梵天勧請経』

1　原始経典と梵天勧請

梵天勧請の教えは、仏教の根本聖典である『阿含経《あごんきょう》』に収録されており、これは仏教の根本聖典中の根本聖典である。したがって、この典型的な宗教体験を表現した聖典は、ブッダの体験を通じて表わされる仏教の教えの真髄を語っている、あるいは表現しようとしているのである。それゆえに、この体験が事実であるか否かではなく、それが宗教的な事実として伝えられてきたという歴史的な事実が重要であり、そこに注目する必要があるのである。

まずは、梵天勧請の概要を紹介しよう。因みに、梵天勧請の教えである、『梵天勧請（懇請Brahmāyācanasuttm）経』には、ゴータマ思想の大成、あるいはゴータマの宗教的な完成、つまりブッダ・ゴータマの完成過程が見事に描かれており、極めて興味深い経典であるが、従来の仏教研究ではあまり重視されてはこなかった。[*]

＊ 平川彰『インド仏教史』上下、春秋社、一九七四、二〇一一年においても、山口益博士のことが強調されているのが、この教えの宗教的な意義には深く触れていない。最近では、佐々木閑・宮崎哲哉『ごまかさない仏教——仏・法・僧から問い直す』新潮選書、二〇一七年で扱われている。ただし、従来の梵天勧請の視点の延長である。本章と近いのは、橋爪大三郎・大澤真幸『ゆかいな仏教』正続、サンガ新書、二〇一三、二〇一七年の指摘である。

しかし現代においても、仏教徒にとって経典に書かれたことは、宗教的な真実として受け止められているし、開祖ブッダの人生、中でも悟り体験から臨終（涅槃）に至る人生は、ことさらに重要であることは論をまたない。その中でも、ブッダの生誕、悟り体験、そしてそれを言語化し説法することを決意する契機となった梵天勧請は、最初の他者への説法である初転法輪、そして最後にくるクシナガラにおける臨終と同様に、あるいはそれ以上に重要なものではないだろうか。

ところが、ブッダの生誕と初転法輪、そして臨終（涅槃）に関しては、現在でも折りに触れて言及される。ところが、ゴータマ・シッダルタが、インドの伝統的な苦行者としてブッダとなり、さらに新たな宗教運動の開祖ブッダとして、仏教を開く決意をする契機を説明した梵天勧請に関しては、神話あるいは宗教的な物語として等閑視され、あまり注目されることがない。これは近代（キリスト教）的な合理主義思想からの解釈であるが、必ずしも仏教の思想解釈において的確なものとは言えない、と筆者は考える。これは、この教えがある意味で抽象的な内容であり、また一種の瞑想世界の領域であるために、前述の近代的な宗教研究から見ると扱い難い、いわゆる純粋な宗教領域としての解釈、あるいは神話――事実とは言えない、荒唐無稽な話――として理解されていたからではないだろうか。

さて、この梵天勧請の教えは、『サンユッタ・ニカーヤ』の『梵天勧請（懇請）経』に納められている。この経典は、ブッダ直説の経典と見なされてきた阿含経典の一つであり、現在でも上座部仏教の聖典群、とりわけパーリ語のそれにおいて特に重視されている。また、それが中央アジアなどを経て漢訳され、いわゆる『阿含経』と呼ばれる経典群に収められている。*

＊　この阿含経典に現われる梵天勧請に関しての詳しい文献研究は、坂本純子「梵天勧請の原型」『印度学仏教学研究』第四一巻、日本印度学仏教学会、一九九二年、四七四―四六九頁などにおいて綿密に検討されているので、それらを参考にされたい。

この文献と向き合うここでの立場は、ブッダの悟りの後に、本当に梵天勧請という事実があったか、あるいはいつ頃からこの教えが経典に挿入されたのかという点を検証するのではなく、つまりブッダにこの体験があったか否かではなく、またそれが後代のいわば捏造であるか否かというような文献学的な議論をするのでもない。しかし、少なくとも二〇〇〇年以上にわたり、この神話が仏教徒の信仰の中核として語り継がれ、受け入れられ、仏教の思想・宗教構造に大きな影響を及ぼし続けてきた、という点に着目する。いわば、仏教の拡大を生み出し、成長させることとなった教理、と言うより戦略として位置づけるわけである。

梵天勧請の教え、『梵天勧請経』に収録されているこの経典の本文は、散文形式部分と詩形式（詩頌）との二つに分かれており、詩頌の部分は、さらに古い成立である。当然ながら詩頌は、簡潔ではあるが、なかなかにわかり難い。他方の散文部分は新しいが、詩文のわかり辛さを補うという構造となっている。そのために文章には多少の齟齬があるが、両者を合わせることで意味が理解できるようになっているのである。*『サンユッタ・ニカーヤ』に引用された文は、『増《ぞう》一《いち》阿《あ》含《ごん》』（『大正大蔵経』一九巻）とほぼ同じ内容である。

＊　中村元『ゴータマ・ブッダ――釈尊の生涯』旧版選集第一一巻、春秋社、一九六九年、一九二頁以下。なお、注は最小限にとどめた。

以下で検討する『梵天勧請経』は、小編ながらもゴータマ・シッダルタが、悟り体験という宗教体験をえた直後の心の動きを表わしており、仏教徒にとっては極めて重要な経典である。というのも、この短い経典には、ブッダの悟り体験の段階的な変化が色濃く現われており、それは、いわゆるインドの伝統的な苦行や瞑想修行による宗教的理想の獲得者、真理の獲得者という段階から、仏教という新しい宗教を開くために十分な、思想的な独創性と宗教的確信とを獲得し、真の宗教者として出発する、つまり仏教の開祖となる階梯を、簡潔にして力強い調子で表わしているからである。その意味でこれは、仏教にとっての根本経典である。詳しい検討に入る前に、その概略を示しておこう。

この経典には、古代インドの伝統的な苦行者としての宗教体験（悟り）にとどまろうとするゴータマが、そこから離脱して新しい宗教世界を確立し、独自の宗教世界の構築に踏み出そうとするという、ブッダの成長が説かれている。そして、ブッダの革命的な意識転換とも言うべき、説法の開始を決意させたのが、ほかならぬバラモン教の主宰神梵天である、という筋である。

つまり、バラモン教（後のヒンドゥー教）の苦行者ゴータマから、バラモン教の悟りを得、ブッダとなったゴータマに、そしてそこに安住しようとするゴータマに、さらにもう一歩の飛躍あるいは大転換を促し、仏教の開祖にして完全な悟り（宗教的理想）の完成者ブッダとなる動機を造ったのが梵天である、という教えである。つまり、仏教がインドの伝統宗教であるバラモン教から独立する契機を造ったものこそ、他ならぬバラモン教の主宰神であるという構造を示したという点に、この経典の独自性があるということである。ところが従来の解釈では、こうした思想的な断絶・隔絶、あるいは成長はあまり強調されなかった。しかし、この教えの構造には、仏教の仏教たる所以とも言うべき、仏教思想の独自性が見事に凝縮している。それが神仏習合思想の構造ということである。

2　伝統的出家修行者としてのゴータマ・ブッダ

以下では、梵天勧請思想の検証のために、原典である『梵天勧請経』本文の一部を具体的に検討する。その始まりは、以下のようである。

私はこのように（以下のように）聞きました。あるとき世尊は、ウルヴェラーにおいてニランジャーヤ河の岸部のアジャパーラという名のバニヤ樹の根もとにとどまっておられた。そのとき尊師は、独り静かに座り、黙考され、心のうちにこのような思いが起こったことを知った。私の悟った（adhigato）この真理（法）は、深く見ることが難しく、（理解することが）微妙で、賢者のみ感受（感得、直観 paṇḍitavedanīyo）するものである。

（『梵天勧請経』pts.SSI, 二九八頁）

ここで注目されることは、ブッダが悟り体験、つまり伝統的な修行法によって到達した宗教的悟り体験の後、しばらく自ら感得した、つまり悟ったダルマ——一般には真理、仏教における法——に関して、独りで沈思黙考し、達成感に浸るとともに、自らの宗教体験の意味について深く省察・検証していた、という設定である。

ブッダ、さらにはやや形態は異なるが、シク教の開祖ナーナク（一四六九—一五三九年）のように伝統的な修行に拠るにしろ、またはキリスト教の開祖イエス・キリストのように神の声と対話するにしろ、イスラームの開祖ムハンマドのように神からの預言というかたちをとるにしろ——もちろんこれらも伝統的ではあるが——、新しい教団を開いた創始者たちは、みな自らの宗教体験の意味に戸惑い、困惑し、そして検証し、徐々に宗教体験の意味に確信を深め、強く意識し、納得し、立教という実際の行動に踏み出してゆくのである。*

＊　それができなかった宗教者は、歴史の中に消えていった。いずれにしろ、イエスの荒野における四〇日間の彷徨や、山上の垂訓。ムハンマドの初期の当惑、そしてシク教の開祖ナーナクの一五年に及ぶ巡礼の旅などは、いずれも自らの宗教体験への検証行為を経て、立教したことを示したもの、と言えよう。同様な事例は、幕末から明治にかけて多数出現した天理教などの新宗教の教

祖にも見られる現象である。

とはいえブッダのように、伝統的な宗教の範疇を逸脱する独自の価値体系を感得した修行者は、その正当性の証明、つまり宗教的な確信を堅固なものとするまでに、ある程度の時間もしくは理由づけを必要とすることになる。しかし、悟りという宗教体験をえた当初は、動揺、不安定さ、自己満足、そして不安などの心の揺れが決して小さくなかったのである。

ブッダは、悟り体験をえて、自らの体験を客観化し、言語化することの難しさについて、実に否定的な見解を並べてゆく。特に、宗教体験を語る際の難しさと、それを説く相手の資質に対して、一種の絶望にも似た見解を示す。この感覚は、インドの宗教家、特にサンニャーシン（森林修行者、出家者）には、今でも顕著である。それも、ある意味では当然であろう。彼らは世俗の世界を嫌い、これを捨てて宗教界に身を置き、苦しい苦行を行っているのである。そしてその結果、悟りという宗教的な目的を果たすことができたのであれば、それを世俗の人々に説く、成果を分け与える、つまり説き聴かすということには、当然消極的である。

これが現在に至るまでのインドの出家修行における伝統である。当然ながらゴータマ・ブッダは、まずいわゆる仏教的な悟りではなく、伝統的なバラモン教（後のヒンドゥー教）の修行者として、悟りを完成したのである。つまりゴータマには、最初から自らの悟り体験を言語化し、人々の救いに役立てようといった、いわゆる仏教的な考えはなかったということである。従来は、この点があまり明確に意識されていなかったために、以下のブッダの言葉の意味が、明確にならなかったように思われる。

私が苦労（kiccha）してやっと到達（adigata）した（悟りを）、今や説く必要がない。むさぼりに取りつかれた人々（ragadosaparetehi）に、この法を悟ることは難しい。これは（世間の常識とは）逆行するもので、微妙で、深遠で、見る（理解する）ことが難しく、貪りに耽り、闇に覆われた人々には、見ることができない。尊師はこのように深く考えて、（説法することに）無関心（appossukka）へと心が傾き、説法を行おうとは思わなかった。

（二九九頁）

これは、実に面白い文章である。この詩型をとった文の前に、散文で「素晴らしい（sudhha）詩句が尊師の心に浮かんだ」とある。もちろん、引用したこの箇所は散文形式なので、中村元先生が指摘するように、後世の挿入である。それにしても、詩型の部分の言葉が、「素晴らしい」内容であるとはとても思えないのであるが、そこには逆に、この言葉が、ゴータマ・ブッダ本人の体験を伝えた言葉であると、散文作者——決して一人ではなく、僧団全体の総意による創作――が感じていた。というより、この文章を伝えていた仏教教団員が、少なくとも最初期からそう考えていたがゆえに、このような、仏教の思想から見ればまことに利己的な内容であっても、「浄い、清浄な、素晴らしい」と表現したのであろうと推測される。

3　自己完結にとどまる、バラモン教の苦行者ゴータマ

もちろん、バラモン教の伝統の下に立つ出家者、つまりインドの出家修行者の立場に立てば、このような発想こそが素晴らしいものであると評価されるのであろう。なぜならゴータマはバラモン教徒であり、この時点では仏教徒ではなかったからである。それゆえに、バラモン教的な発想が当然ながら出てくるのである。

いずれにせよこの時のゴータマは、バラモン教の伝統的な修行法による、六年間の命がけの苦行を経て、ようやく獲得したバラモン教における悟りの境地、つまり宗教的な境地をえたばかりの伝統的な出家修行の完成者であった。この時、ゴータマは、バラモン教的悟り体験に満足し、それ以上を望まなかった。すなわち、バラモン教の伝統的出家修行者としての目的の成就によって、そこに満足していた。言い換えれば仏教の特徴である他者への働きかけ、布教ということに気持ちが向かなかったのである。おそらく当時のゴタマには、そのような考えは、

そもそも存在しなかったのであろう。なぜなら、それがバラモン教の修行者の伝統だからである。

この点を経典は「他者への無関心」、あるいは他者との交流を行う、説法するということに「心が動かない」（appaussuka）という言葉で表現している。この語は、appa-ussuka という合成語で、appa は少ない、僅少のなど、否定的な意味を持ち、ussuka は熱心・努力を意味する。つまり、自らの宗教的な到達点を積極的に言語化する、他者に広めるというような気持ちにはなれなかったということである。この点で面白いのは、同様な思想構造が、インド哲学のサーンキャ哲学にもあるということである。というのも、自己完結した存在は、動きを持たず、これが展開するためには、他者からの働きかけが不可欠であるという思想構造を指す。

いずれにしても、この状態は、インドのヨーガの思想や後代の経典に言う自受法楽、自受容三昧の境地に沈潜した状態であった。長年の苦行や瞑想修行を経て、悟りをえ、自己完結していたということである。そのために説法するという、新たな動きに出ることに躊躇したわけである。これらの言葉は、この時点では伝統的なバラモン教の修行者であったゴータマの本心であったであろう。インド思想・宗教の行者たちの多くは、高度な宗教体験をうると、当初の目的の達成という充実感・満足感に浸るという境地を超えることなく、つまり自らの宗教体験に浸りきって、そこから世俗世界に戻ることを拒否、あるいは否定する、そんな宗教家が一般的のようである。

次の文章は、こういう自己満足的なバラモン教（後のヒンドゥー教）の宗教者の境地、いわゆる独覚者を表わしている文章である。それが、詩文の「貪りに耽り（āgarata）、闇（tamokkhandhena）に覆われた人々には、見ることができない」という、民衆に対する認識を表わした部分である。ゴータマは、ここにおいては他者への説法という自己から他者への関心のベクトルをまったく持たず、むしろ冷たく突き放すのである。このことをさらに具体的に解説した文章が、散文の「（欲にまみれて、闇の世界でうごめく庶民への説法は）私には疲労（kilamatho）が残るだけだ。悩害（vihesā）があるだけだ」（二九九頁）という極めて自己本位の理由を述べる。

既述のように、この時点では、自らの思想を言語化し、他者への説法、つまり伝道を行うという視点は生じていない。すなわち、伝統的な出家修行の完成者の状態にとどまっているのである。その後、原典では同様の意味の韻文が続くが、この状態を破るために登場するのが、伝統的な宗教界の主であった梵天である。梵天の登場により、ブッダの思いは大きく動き出す。

4　梵天勧請と仏教の誕生

バラモン教世界における覚者であるブッダとなったゴータマは、前述のように出家修行者の伝統に則り、世俗世界への関わりについては無関心であった。当然、世俗者への言語による自己の体験の開示、つまり説教、すなわち自己の宗教的体験の言語化、およびその境位に立っての客観的な認識とその言語化に対して、当然ながらなんら関心を示さなかった。少なくとも宗教的使命感をもって、他者に対する説法を開始するという行動に出ることには逡巡していた。

しかし、やがてブッダは、インドの苦行者の伝統から訣別し、離脱することになる。すなわち、苦行者として捨てた世俗社会へと積極的にかかわってゆこうとすることへの方向転換である。いわばこれは、第二の悟り体験とも言える大きな飛躍体験である。この意識の大転換のゆえに、一転して世俗の者たちを救おうと決心することになる。繰り返すが、ここには思想的なベクトルの大転換があり、また仏教という独立した宗教としての始まりがある。しかしそこでは、その境地の変化についての説明が不可欠であり、そのためにバラモン教の主宰神梵天が担ぎ出されてきたのである。

因みに、ゴータマはブッダとなる前に、実は伝統的な出家者集団から離脱しており、その後に悟り体験をえているので、このような他者へのかかわりという視点がすでに生まれていた、とも考えられる。だからこそ、一般の出家修行者（サンニャーシン）には考えつかない、他者への説法という視点が生まれ、それに対する逡巡の克服の説明が必要となった、とも考えられる。いずれにしても、ブッダの転換——伝統的な修行と、その完成に酔いしれていたブッダの心の変化――を表わしたのが、この梵天勧請の神話の核心である、と筆者は考える。

その転機を経典では、自己の精神的な満足に耽溺し、自らの体験を言語化し、伝道することを拒否しようとするブッダに対して、バラモン教の主神、世界の主である梵天が、ブッダに翻意するよう懇願する、というかたちで表現する。つまり、伝統的なバラモン教の主宰神である梵天が出現し、ブッダの決意を翻させようと働きかける、というのが以下のストーリーである。

まず、ブッダの大転換は、梵天の危機意識というかたちで準備される。

その時、世界の主・梵天は、世尊の心（の中）における逡巡を知って、次のように考えた。実にこの世は滅亡する。実にこの世は滅ぶ。実に修行完成者、（未来の修行完成者として）尊敬されるべき人、完全に正しく悟った人の心が何もしたくない（他者への無関心）のために、説法をしないのだ。

（三〇〇頁）

この場面では、ブッダが自らの悟りに関して、あれこれ考えたり迷ったりしている姿を見て、梵天が登場する。ここで、逡巡と訳したcetoparivitakkamという言葉は、仏教の伝統では「心の所念」ということで、「心の中に湧き起こるいろいろな思い」というほどの意味となる。つまり、庶民に対して無関心である伝統的な出家修行者の立場から、世俗社会へと目が向く変化の最初の状態が、ここに現われている。慈悲の心と言われる他者への関心が生まれたのである。それが悟り体験を言語化する、説法することをためらっているブッダの姿であり、そこから離脱する瞬間の心の動きであった。

5　仏教的ブッダ形成と梵天の役割

さて、他者を顧みないブッダに危機意識を持ったのが梵天、というのが教えのストーリーである。ここで注目すべきことは、わざわざ世俗世界の主である梵天（brahmuno sahampatissa）と表記されたのにも、世俗世界との繋がりを意識したブッダの心の内が現われているのであろう。先にも触れたように、ゴータマはこの時すでに純粋な出家修行者集団から離脱し、自ら生きる世界を模索しなければならない立場にあった。ここで、この梵天の出現には二つの含意がある、と筆者は考えている。その一つは、梵天がゴータマの説得に出向くという設定である。これが梵天勧請のワキ役——実質的には主役であるが——である、梵天の出現の場面である。すでに言及したが、ここで「世俗世界の主」と、わざわざ梵天を呼んでいることとの意味である。一般にインド思想や宗教界においては、梵天を世俗世界の主と呼ぶことはあまりない。なぜなら梵天は、神々の主宰者であり、人間世界の主神であるからである。またこの名称は、数ある梵天の名称の一つでもある。それをわざわざ世俗世界と限定して、宗教世界の主宰者である梵天には言及しない、というより伝統的な梵天の地位を否定してしまっている点に、新しい宗教としての仏教の立ち位置が現われている。

すなわち、ここには真理を悟り、いかなる神をも超越する存在であるブッダとなったゴータマと、インドの地域世界の主神である梵天という対、そこに仏教側からの自己主張が現われている。ブッタはもはや、梵天の主宰するバラモン教の宗教世界から離脱し、独自の存在となった、ということである。しかし、その一方でブッダの世界は、決して梵天の主宰する世界と無縁ではない。むしろその上位に立って、その危機を救うという位置づけなのだ。しかもそのためには、梵天の働きかけ、協力が不可欠である、ということである。

この思想構造こそ、梵天勧請神話の真髄であり、世界宗教として仏教が世界各地に伝播し、平和的に当該地域の神々と共存共栄関係を樹立できた所以である、と筆者は考えている。どういうことか。それは世俗の主宰神たる梵天が、ブッダの教えがなければ自らの主宰する世俗世界が亡ぶという危機意識を持つ、という設定がその理解のポイントとなる。

もちろん、この時点での仏教は世界展開を考えているわけではなく、あくまでも伝統宗教である前期ヒンドゥー（いわゆるバラモン）教とは異なる、あるいはそれを超越した存在となったブッダを象徴的に表わそうとした、それのみかもしれない。しかし、伝統宗教を排除せず、その最高の神の働きかけを受け入れる、という受け身的とも言えるかたちで、仏教の活動が、伝統的な宗教世界の救済を目指して始まったという設定にこそ、平和宗教と呼ばれ、既存の宗教と相利共生しつつ世界に拡大した仏教の原動力となった考え方があるのではないか、と筆者は考えている。

ここには、他者の排除も、選民思想もまったく見られない。そこには他者を助け、自らを生かすという仏教特有の思想が、それは後に慈悲の思想という、他者との繋がりを強調する仏教独自の思想の萌芽がある、とも言えるのではないだろうか。

6　梵天勧請としての神仏習合の構造――ゴータマは二度悟った

この点を強調することで、この神話構造の今一つの含意が明らかとなる。つまり、まず最初のブッダの悟りは、伝統的な修行者としてのゴータマ個人の行《ぎょう》の帰結であり、自己完結の世界を基礎にしていたということがある。そして、それだけでは仏教は成立せず、仏教の完成には伝統的レベルでの覚者、つまりバラモン教の覚者ゴータマが、他者に自らの思想を伝えることを決意するという思想のさらなる展開が伴わなければならなかった、という点である。すなわち二度目の覚が不可欠であった、ということである。これが真の意味の覚の完成、完全なる悟なのである。

そしてその、いわばバラモン教的覚者ゴータマの大転換を促し、仏教の開祖ゴータマ・ブッダへと転換させた、あるいはそのきっかけを造ったのが、ほかならぬバラモン教の主宰神梵天であった、という構図である。言い換えれば、ゴータマ・ブッダが、仏教の開祖として、説法という他者への働きかけを始めるという転換を実現するためには、梵天の協力が不可欠であった、という構造である。すなわち、仏教の存在には、他者の存在、そして協力が不可欠であるという仏教の宗教構造がそこにあるのではないか。この点は、仏教の思想構造を考える上で、極めて重要であり、また特徴とすべき点であるが、既述のように従来はあまり注目されてこなかった。

仏教の拡大を考える上で、右の点は実に重要である。というのも、インドでの梵天が、他地域に行き、当該地域の神となり、さまざまに展開することができるからである。すなわち、仏教が他地域に伝播した折りには、その地の既存の宗教形態と対立するのではなく、仏教はむしろその協力をえて、共存のみならず共栄関係を、既存の神々や宗教と構築することができる、ということ、すなわち神仏習合という仏教の基本構造が、ここに現われているのである。

例えば、宇佐八幡による東大寺大仏建立への支援の申し出、気多神の帰依などなど、日本の神仏習合がその例であるが、この点はまた別に検討する。いずれにしても、インドの伝統宗教の主宰神である梵天がわざわざ出現し、その主神に「世界（loka）は滅びる（vinassati）。この世はまさに消滅（vinassati）する」と嘆かせるという設定は、伝統宗教であるバラモン教の側からすれば、侮辱的な設定でもある。しかし他方では、仏教はこれら既存の宗教と敵対しない、という宣言でもある。

さらにこの神話の面白いところは、世界の終わりの理由が、ブッダが他者に対して無関心――何もしたくないという気持ち――になり、その悟りの真実を他者に説法しようとしない、という設定である。そして、梵天が危機意識を持ち、ブッダに直接働きかける。ここでの梵天の登場という設定は、中村元先生の指摘するように、ブッダの悟りの直後の言葉ではないであろう。仏教が教団として大きくなり、バラモン教との軋轢が生じたか、あるいはその存在との共生を図らねばならなくなったという状況となり、ある意味でその対応策として考え出されたものである、ということはおそらく事実であろう。とはいえ、この教えの核心が、ブッダの信と思想の完成を示す者であることは不動の事実であろう。

いずれにしてもこの教えの構造化は、教団成立後何世紀も経てできたものではなく、比較的早い時期に定着したであろうということである。おそらく、ブッダ生存の時代からバラモン教との関係として認識されていたのではないだろうか。それゆえに、仏教は他の宗教とほとんど争うことなく、インドに根づくことができたのであろう。ただし、もちろんそれは、仏教が思想的に体系化され、その後の時代であろうが。

以下では、梵天とブッダにまつわる右の点を、まず経典によって確かめてみよう。伝統的な第一回目の悟りを得たゴータマの前に、梵天が出現し、説法を懇願する場面は次のようになっている。

7　ブッダを助ける梵天という構図

梵天は、尊師に向かって合掌・礼拝して、世尊にこのように言った。「尊い方よ。尊師は教え（dhamma）をお説きください。幸ある方よ。教えをお説きください。この世には生まれの良く、汚れの少ない人々が居ります。彼らは教えを聞かなければ退歩しますが、法を聞けば真理を理解するものとなるでしょう」。梵天はこのように述べ、このように言い終わってから、次のことを説いた。（三〇〇頁）

ここにも、この経典『梵天勧請経』の独自性が現われている。梵天は、自らの意志で伝統的なブッダ（覚者）となったゴータマの前に現われたのである。この点が、まず注目されたのであろう。すなわち梵天の出現は、あくまでもゴータマ側からの要請ではない、ということである。これは、仏教の布教が、仏教側からの発意、つまり他者への善意の押し売り的な布教ではないということ、さらに仏教は、他の世界宗教のように、布教を神からの使命、あるいは絶対的な命令とは考えていない、ということである。それはつまり、相手の都合を考えずに、一方的に教義を圧しつけるような方法を仏教はとらない、と言われている。ここに仏教の他者尊重型伝播形式の原型が見て取れるのである。

しかも、梵天はゴータマの前に現われ、あたかもゴータマを神の如く見なし、彼に合掌・敬礼して、教えを説くことを懇願する。すなわち勧請する、協力を請う。そしてその一節が、以下のものである。

（梵天は、逡巡するブッダに向かい）願わくば、この不死の門を開け、（人々は）無辜なる悟った者（vimalenanubuddham）の法を聞け。（中略）（ブッダの法を聴く者ども、つまり）戦勝者よ、商隊の主よ、負債無きものよ、（ブッダの教えを聴いて）世界を歩め。世尊よ、真理を説きたまえ。真理を知る者（annatara）もいるであろう。（三〇〇―三〇一頁）

ここで梵天、すなわち世俗世界の主宰者自ら、ブッダが教えを民衆に説くようにと要請する。

しかもその対象が、極めて象徴的である。本文に出る「戦勝者」、これはおそらくブッダがクシャトリア出身であることから、軍人や政治家など、支配者を意識しているのであろう。さらに注目されるところは、「商隊の主（satthavaha）」たちがあえて強調されている点である。これは、ブッダがベナレスへの布教に旅立ったときに、最初に彼の信者となり、布施した二人の商人のモチーフと重なる。またその後も、この新興勢力である商人階級の隆盛は、仏教の強力な支援によるところであることを表わしているのであろう。それゆえに商人が強調されているのである。したがって、「負債無きものよ（anana）」となるわけである。

以上のような設定を経て、ついに仏教の開祖としてのゴータマ・シッダルタ・ブッダが動き出すのである。つまり、ブッダは梵天の勧請、梵天の懇願、働きかけに応じて、悟りの形態を変える、あるいは変化させたのである。そしてこれこそ、真に仏教の開祖としての悟りの完成であり、仏教の創始者ゴータマ・ブッダが生まれた瞬間であろう。これが二回目の悟り体験である。そしてこれが普遍宗教としての仏教の始まりなのである。ただし、仏教が普遍宗教と呼ばれる世界的な存在になるには、当然ながら他者への説教を通じた働きかけが伴わなければならない。この点を次に検討しよう。

8　ブッダの真の目覚めと慈悲心

仏教が世界宗教として発展するためには、他者に働きかける必要がある。しかし、それにはモティベーションが必要となる。自己満足していたブッダが、真に他者への説法に目覚めたその原動力は、何であったのか。その答えは以下の経典に記されている。

尊師は悟った人の目によって、世の中には汚れの少ない人々、汚れの多い人々、精神的資質の鋭利な人々、精神的な資質の弱くて鈍い人々、美しい姿の人々、醜い姿の人々、教え易い人々、教えにくい人々がいた。ある人々は来世と罪過への恐れを知って暮らしていることを見られた。その時、世尊師は、梵天の要請を知り、衆生への憐れみの心（kārunana）により、悟った人の目で世間（loka）を見た。（三〇二頁）

この文章では、ブッダが完全に世俗世界への接近を決意した思想的な立場の転換、つまり世俗世界へとかかわる積極的な心の動きを表わしている。すなわち、梵天というインド固有の宗教の主宰者の懇請によって、その働きかけによって、ブッダの心に民衆への憐れみと思いやりのベクトルが生じたのである。それが「衆生への憐れみの心」が現われた、という一文である。いずれにしても、梵天の要請（ajjhesanā）によって伝統的なブッダであるシッダルタは心を動かされ、あるいは意識の転換・上昇があり、その結果、衆生への憐れみの心――kārunana. 正確には他者の痛みを共有する心。これが後に慈悲という言葉に展開するが、ここではわかりやすいように、こう訳した――が生まれたのである。そして、新たに悟った人、真の仏教的な悟りの完成者としての目（境地）を通して世間（loka）を見ることで、自分を理解してくれる人々がいることに気づくという筋書きである。つまり、この時にブッダの心は、衆生の救済という視点に、初めて目覚めたのである。ゴータマ・シッダルタ・ブッダの開眼である。

ここでも仏教という宗教の特徴が遺憾なく表わされている。というよりも、仏教の特徴を説明するための具体的な事例が示されている。まず仏教は、絶対神を奉じるキリスト教やイスラーム教とは異なり、すべての人に等しく救いを認める、あるいはそれを圧しつける宗教ではない、ということである。その構造は、基本的に自助努力を前提とする救済法の開示である。それは、世の中には汚れの少ないものや、精神的な資質の鋭利な者がいることなどをあらためて認識し、ついに開教の決意をする、という構造に現われている。つまり、個々人の理解度によって救い（悟り）には差異があり、仏教は一律に信徒の獲得を求めないし、またその必要も感じない、という構造なのである。仏教は画一的な信仰を強制しない宗教ということである。そしてこれは、徹底した個人救済の宗教なのである。なぜなら、ブッタの精神基盤はインド文化にあり、それは輪廻思想を基礎とする無限循環の生命観に立脚しており、人々が一斉に救済される（悟る）必要はなく、徐々に自らの業《ごう》によって悟りの環境が整えられる、という漸悟主義だからである。もちろん、この時期にはまだ今日知られているような倫理思想や業思想のかたちが整ってはいなかったのだが、その核は文化の基底として共有されていた。

いずれにしても、この文章は実に重要である。民衆への憐れみ、つまり共感、心を通じること、これへの視点が仏教の基本であり、後に慈悲という言葉で表現される形態であることは、ここから十分に理解できる。しかもその働きは、悟った人の目、完全な知恵を獲得した人の目によって明らかとなったのである。

さて、ここに「悟った人の目で（buddhacakkhuna）世間（loka）を見た」という言葉がある。インドで「見る」という表現は、視覚的に見るということ以上に、物事を理解するという意味で用いられる。したがってその意味は、ブッダに世俗の人々への関心が湧き上がり、彼らに教えを説こうという新たな思いが生じた、開けた——真の仏教の原点たる悟り——のである。ここでは、その心の働きが実際の動作として具体化した、ということである。

以上のように、仏教はその発生当初から、他者の助けを必要とする宗教構造を持っていた。この思想構造は、既存の宗教と対立することなく、既存の宗教と共生できるというよりは、そうしなければ仏教という宗教が存続できない構造であることを示している。つまり、仏教の拡大は、梵天勧請の教えが示すように、他宗教との相利共栄関係の構築なくしては、成立しえない構造となっている、ということである。

このように記すと、反発や誤解が生ずるかもしれないが、しばしば触れたように、その宗教の拡大という布教活動において仏教が、聖戦思想といった、暴力による自己絶対化という発想を一切持たなかった理由が実はここにある、と筆者は考えている。単なる不殺生や非暴力思想では、世界宗教への道は実現できないからである。

9　梵天勧請から神仏習合へ

以上のように、仏教の創始者ゴータマ・ブッダの思想形成は、仏典によって語られ、また伝えられてきた。ところでこの経典の成立がいつ頃なのかは不明であるが、中村元先生は、紀元前一世紀以降の早い時期には、パーリ語の聖典に明記されたのではないか、と指摘されている。しかし、経典になったということは、それ以前にすでにこの神話が形成されていたということである。

筆者は、宗教社会学的に見て、この梵天勧請神話の基本的な思想は、ブッダその人によって説かれ、素朴なかたちで仏教の基本構造として発展してきた、と考えている。というのも、仏教のようないわば新興宗教が、インドの伝統宗教・民族宗教であるヒンドゥー教——当時の形態は、学問的にはバラモン教、あるいは前期ヒンドゥー教——という圧倒的な存在の中にあって、これと争わず、勢力を拡大できた背景には、彼らと対立することなく、むしろその存在の協力を引き出すことが重要であった、ということは否定できないであろう。

つまり、仏教という小集団の宗教は、バラモン教との対決ではなく、協力を不可欠としたのである。少なくとも、仏教教団を支える社会との共存を必要としたのである。しかし、さらに言えば、仏教は既存宗教側からの協力を必要とし、彼らとの一体性を、思想的にも現実的にも構築しなければならなかった。

その意味で仏教は、他の普遍宗教のように、聖戦や革命的な社会変化を他者に対して求めなかったという意味で、暴力的な対立を他者との間に惹き起こさなかった。というのも仏教は、キリスト教やイスラーム教の開祖や初期の人々が味わったような、既存宗教と既存社会からの弾圧はほとんど経験しなかったのである。ここに、仏教が平和的宗教と呼ばれる基本形態を見いだすことができるのであり、その象徴的な表現が梵天勧請の教えである、と筆者は考える。

先にも検討したように、筆者はこの現象を、日本的に言えば「神仏習合」という言葉で表現できると考えている。というのも、神仏習合とは、「神と仏が習《かさ》ね合うということで、日本に仏教が伝来して以来、日本の神と仏教の仏が交わり、融合して行った状況をいったもの」（『岩波仏教辞典』）である。つまり異なる宗教同士が、習《かさな》り合い、争わずに共存共栄、さらに相利共生的な、どちらも相互に利益を共有できる関係の構築が、この言葉には秘められているからである。

つまり、仏と神との習り合い、わかりやすい現代語では「重なり合い」は、上下も前後もない両者の一体感を表わす言葉である。例えば、習字において書き手は、手本と一つになることを目指して運筆し、手本と作品に差のない関係を造ろうとするように、もともと異なる宗教の神と仏が、ぴったりと習（重）なるということがこの関係である。そしてこれは、先に論じた自他同置の教えの根本をなす思想でもある。

III

梵天勧請と神仏習合

——世界史の中の仏教

はじめに

インドの一地域宗教であった仏教が、インド亜大陸の文化的束縛を超え、ユーラシア各地や島嶼地域に伝播できた理由を文明論的に言えば、仏教は文化剝離し易い宗教であり、それを可能にした基本的な他者認識の構造が「梵天勧請の教え」である、というのがまず、ここでの基本的理解である。その上で、文化剝離し易い仏教の構造が、仏教を世界宗教に成長させた、その原動力であると同時に、仏教がかつての伝播地域から衰退・消滅することになった理由もこの梵天勧請思想にある、というのがここでの結論である。ここで文化剝離と表現したのは、仏教の宗教構造においては宗教世界（真実諦）と日常生活（世俗諦）という二重性となっているために、いずこの世界に伝播しても、そこが仏の世界の一部（現われ）と位置づけられるために、発生地のインド的生活様式を切り離し易く、他地域の文化に親和性が高い、ということを示す（なお、より広い文化剝離の理解については、伊東俊太郎『比較文明』東京大学出版会、二〇一三年参照）。

ここでは、この梵天勧請の教えを「神仏習合」と言い換え、さらに具体化し、仏教の他宗教との融和共生の基本構造と考える。これは、仏教がその発生地であるインドから世界に伝播し、各地で定着・発展した原動力の一つに、仏教の他者との親和性が挙げられ、一般には平和的宗教形態と理解されているものである。筆者は、この仏教の他宗教との親和性、現代風に言えば文化融合に積極的で、他宗教と争わず融和して相利共生関係を構築する仏教の宗教形態を、日本人にもわかり易い言葉である「神仏習合」と表現した。

神仏習合という言葉を用いると、仏の神としてヒンドゥー教の神々が、仏教教理の中に、また信仰の中に積極的に取り入れられた現象がイメージし易くなる。例えば、インドでは、梵天をはじめ大黒天（シバ神）、弁才あるいは弁財天（サラスヴァティー）、吉祥天（ラクシュミー）などが、平和裡に仏教の守護神や眷属として取り入れられた現象が理解し易くなる。

この関係が、非インド的要素の強かった西北インドや中央アジアにおいて展開すると、現地の宗教の神々、特に有翼の光の輪、あるいは放射状の光（太陽）そのもので表現されるゾロアスター教の主宰神（アフラマズダー）や、ゾロアスター教の一派であり、永遠の時間（無寿）を信仰するズルワーン教の神（ズルワーン）、およびゼウス、ヘラクレス等のギリシア・ローマの神々が仏教の伝統と神仏習合することとなる。その結果、生じたと思われる阿弥陀如来（無量光、あるいは無量寿）毘盧舎那仏、大日如来や弥勒菩薩以下の諸菩薩、さらに諸天と呼ばれる神々との習合現象として説明できる。また、そのために新しい経典さえ編集され、後に大乗仏教、さらには密教（正式には金剛乗）と呼ばれる新しい仏教の創出に大きく貢献することになる。少なくとも、これら新仏教の仏・菩薩等の表象・イメージ形成に貢献すること大であった。

この形式は、当然ながら中国においても展開され、中国仏教特有の菩薩（地蔵菩薩など）が生まれた。そして、その形態が日本にも導入され、いわゆる神仏習合仏教という日本的な仏教が成立する、という図式が成り立つ。もちろん、仏教のこの融合形態は、南伝（方）仏教と呼ばれる、いわゆる仏教の古い形式の地域にも当然生きていた。*

＊ 現在の南方仏教の各地は、歴史的には大乗仏教との混淆があり、純粋な上座部仏教とは言えないが、彼らはブッダ像以外の仏の像は原則として認めない。しかし、当該地域の民族信仰とは融合している。

いずれにしてもインドから中国・日本、あるいは南・東南アジア仏教に広がる仏教を鳥瞰すると、同じ仏教とは呼ばれながら、その形態には少なからず相違が存在する。しかし、それでも仏教という「同一性」は保持されており、まさに多様性の統一を維持し続けている。この多様性を維持しつつ、統一性を可能にする思想の根本に、梵天勧請（神仏習合）思想がある、と筆者は考える。

ここでは、紙幅の関係もあり、仏教の拡大の理由に関して、体系的な視点から深く立ち入ることはできない。しかし、日本と関係の深い大乗仏教の世界的な展開について、従来は思想的な要因が強調されてきた。その代表的なものに「慈悲」の思想、あるいは「空（その原型である無我）」の思想が挙げられている（中村元先生の一連の研究。特に『原始仏教から大乗仏教へ』決定版選集二〇巻、一九九四年、あるいは『空の論理　大乗仏教Ⅲ』同二二巻、春秋社、一九九四年参照）。もちろん、これらの思想は仏教の世界展開を可能にした基本思想であるが、しかしそれは、実は大乗仏教と呼ばれる新しい仏教の形態になって整備された思想であり、仏教の発生当初より明確化された思想ではない。いわば発展形態である。

筆者が問題としたいのは、仏教の拡大のモティヴェーションとなった、より基本的な思想である。宗教学的に言えば、その原型は仏教の発生当初から存在したはずである。この点は、新興の宗教として生まれた仏教にとって、その当初から他宗教との共生が不可欠であり、そのために必要な思想として、慈悲や無我や空の思想が生み出された、というのが筆者の考えである。そしてこれらの背景に、梵天勧請思想がある、との考えについては既に紹介した。

ここからさらに一歩を踏み出すが、実はこの点を前提とした上で、筆者はこの仏教の梵天勧請思想が持つ親和性こそが、他方で仏教の消滅要因として大きく働いてきた、と推測している。

つまり、仏教の興隆と衰亡という相反する二つの現象を招いた仏教側の要因には、仏教の根本的な他者認識を決定づけている梵天勧請の教えが大きく作用したという仮説を検証すること、これがここでの目的である。つまり仏教の盛衰、あるいは世界展開とその衰退・消滅という現象を貫く基本的原因を、仏教独自の他者認識、すなわち梵天勧請の教えによって統一的に理解できるのではないかというわけである。つまりこの試みは、仏教の盛衰という現象を、梵天勧請の思想構造に着目し、一つの理論によって統一的に解明しようとするものなのである。

以下では、西北インドから中央アジアにおける仏教の盛衰、そして日本の事例に関して、ここでのテーマに沿ってごく簡単にではあるが検討を行う。それは、このテーマそれ自体を象徴的に検討することを目指すものであり、具体的かつ総合的な考究は、他の機会に譲ることをご諒承願いたい（特に、理論の立証に不可欠な資料や文献の紹介は、膨大なものになるので、機会を改めたい）。

第一章　仏教の特異性

1　仏教と西方文明における神仏習合の意義

まず仏教の当該地域における盛衰に関して検討する。仏教の拡大は、その当初からブッダの説法というかたちの布教運動から始まる。その後、広大なインド国内からスリランカさらに現在の中東地域へも、アショーカ王により、早くも紀元前三世紀には実施された。さらにここで問題とする、中央アジアへの仏教の拡張運動は、インドと西方世界との窓口的存在である西北インド、いわゆるガンダーラを通じて主に行われた。

周知のように、現在のパキスタンの西北部からアフガニスタンにかけての地域――その中心がガンダーラであった――は、アレクサンダーの東征以来続く、ヘレニズム、ローマ、そしてペルシアなどの非インド文明との接触が不可避であった地域であり、ここにおける仏教の布教・拡大には、インド的な文化的要素を稀薄化し、当該地域の宗教・文化との共生を目指すことが不可欠であった。つまり、当該地域の人々に仏教という宗教が受け入れられるためには、インドの土着的な要素を捨て、この地に受け入れられる、より汎用性の高い、つまり最終的には普遍的な要素の強調が不可欠であった。そのために宗教や文化、さらには思想などの領域における自己の絶対化は、結果的に他者の反発を受けることとなり、両者の対立は解消できない。したがって、セム族の宗教のように選民思想や聖戦思想による、武力や暴力による他宗教の排除や支配を正当化する理論を持たない仏教は、他の方法を求めることとなる。*

＊　この新しい仏教である大乗の出現に先立ち、インドとギリシア両文明の出会いと融和を象徴する事件を扱ったお経がある。それが有名な『ミリンダパンハー（那先比丘経、ミリンダ王問経）』である。この経典では、ギリシア人王であるメナンドロス（在位前一五五―一三〇年頃）と仏教の長老であるナーガセーナとの仏教教理に関する、まさに真剣勝負的な議論がなされている。そこには、異なる文明を背負った知的エリート同士による議論の激突があり、また相互に両者を理解しようとする熱意がある。仏教の経典なので、結果的にメナンドロス王が、仏教の合理的な思想に脱帽し、仏教を受け入れるという筋書きになっているが、歴史的に見ても、ギリシア人の多くが仏教を受け入れ、また仏教側もギリシアやローマ――いわゆるヘレニズム――文明を積極的に受け入れた。

その点で仏教は、その当初より梵天勧請の思想、つまり神仏習合思想を持っており、他の宗教との相利共栄思想を具え、宗教間の対立を乗り越える宗教構造を持っていた。これが、ヒンドゥー教のような民族宗教との壁、仏教の姉妹宗教であるジャイナ教も超えられなかった壁を仏教が超えられた理由であろう、と思われる。

つまり、仏教はインド文明を立地基盤としつつも、梵天勧請の教えを持つがゆえに、高度なギリシア・ローマ・ペルシア文明など、他の諸文明との平和的な融合関係を構築し、大乗仏教という新しい宗教、厳密には宗派——いわゆるキリスト教におけるプロテスタントのような存在——を生み出すことができた、と考えられる。これが文明論で言う文化剥離という現象である。*いずれにしても、西北インドから中央アジアに広く展開していた諸宗教・諸文明の要素を積極的に取り入れてできた仏教の形態が、いわゆる大乗仏教ではないか、と筆者は考える。

＊　先述の通り文明と文化剥離に関しては、前掲、伊東俊太郎『比較文明』を参照。また、ミリンダ王に関しての研究は、今後、他の機会に筆者も比較文明論や文明融合の事例研究として研究成果を発表するつもりである。これまでの研究文献は、中村元『インドと西洋の思想交流』決定版選集一九巻、春秋社、一九九八年、さらに中村元・早島鏡正『ミリンダ王の問い』全三冊、平凡社東洋文庫、一九六三年参照。特に第一巻には、中村元先生による膨大な文明論的考察が加えられ

ている。

大乗仏教が実質的に誕生・成長し、世界各地に伝播するそのきっかけを造ったのが、このガンダーラ地域である。この地は、仏教がまずインドから伝播・定着した地域であり、また多様な神仏習合信仰が生まれ、それが新しい仏教として世界各地に広まる、いわば発信源の地域である。というのも、この地域はユーラシアの東西貿易の集積地として、またそれらとインド亜大陸などとの文明交流の交差点であり、世界中の文化・文明がこの地域に集まり、出会い、時には反発しつつ混淆し融和し、新しい文明の形態が生まれるという土壌を持っていたからである。因みに、当該地域には、ゾロアスター教、ギリシア・ローマの宗教、ヒンドゥー教、当該地域の土着宗教、そして時代ごとに入れ替わる遊牧民の宗教など、時代的にもまた空間的にも多様な宗教がモザイク状に存在していた。*

* この点に関する文献には膨大なものがある。中村元『インドと西洋の思想交流』決定版選集一九巻、春秋社、一九九八年には多くの文献が挙げられている。これに加えるに、新しい文献としては小松久男編『中央ユーラシア史（新版 世界各国史）』山川出版社、二〇〇〇年、考古学からは加藤九祚・Sh. ピダエフ『ウズベキスタン考古学新発見』東方出版、二〇〇二年、加藤九祚『シルクロードの古代都市――アムダリヤ遺跡の旅』岩波新書、二〇一三年などがある。

もちろん、文化や文明は出会っただけでは必ずしも融合しない。つまり、併呑されたり、かき消されたりすること、少なくとも仏教文明の成し遂げたような平和的かつ相利共生・共栄型の文明形態を生み出すことは、他の文明ではなかなか類を見ない、と筆者は考えている。そして、それを可能にした要因が、梵天勧請の教えに基づく神仏習合思想にあった、というのが筆者の仮説である。もちろん、神仏習合思想は単に神格の融和だけを意味しない、それぞれの宗教の持つ文化、さらには文明全般の融合を意味する。

この点に関しては後に検討するが、インドになかった死者供養の各種儀礼、例えば墓地——ブッダの墓であるストゥーパがあるが、アショーカ王でさえ墓を残さなかった——の造営や参拝習慣、さらにインド的な宗教の基本スタンスである出家主義の否定さえも大乗仏教には取り入れられている。また、大乗仏教では聖典（経典）の書写や奉納携帯が奨励され、文字教典の神聖化も導入されている。

実は、これらはインド型の宗教である仏教のあり方からすれば、矛盾を孕んでいる。つまり、そもそも文字を持たないインド文明において、聖典は暗記し、朗唱し合いつつ護持するものである。それが文字化されて記録され、それそのものが崇拝対象になるという文化のあり方は、口伝を重視するインドの宗教形態ではない。むしろ、これは西アジアの伝統に、今日でも存在するものである——その典型がセム族の宗教である。この点は、文字文明の中国文明下でも同様である。しかし、それらの宗教的な習慣を仏教は取り入れつつも、伝承されたその本質は変わることなく維持し、さらに拡大する力として、それを行ったのである。

これらのインドとは異質な宗教文化を積極的に取り入れつつ、大乗仏教という新しい宗教形態をとる仏教となったとはいえ、なぜ仏教としての同一性、アイデンティティを維持できたのか、つまり仏教として成長して行けたのかという点の宗教学的、さらに文明論的検討は十分になされてはいない。その意味で、ここで注目する梵天勧請理論は、仏教の世界展開、特に大乗仏教の成立や発展に関する理論的な理解を可能にするもの、と筆者は考える。もちろんそれは、仏教の衰退研究にも同様に応用できる。

さて、従来これらの現象は、個々の研究領域の専門家が独立して扱う場合が多く、その成果は極めて専門的で有益ではあるが、しかしそこには総合的な視点が欠けていた。それは、仏教研究において、仏教文明さらには大乗仏教文明という概念、つまり仏教という宗教の領域にとどまらず、仏教と経済や政治さらには文化の領域全般との関わりの重要性が、あまり重視されてはこなかったからであろう——この傾向を憂いたのが中村元先生であり、筆者は非才であるが先生の学風を継承している、と考えている。

以下では、この点に鑑み、仏教の世界展開のいわば原動力となった中央アジア的な神仏習合と、その結果として生まれた融合仏教としての大乗仏教、それらの文明の一端を示し、今後の研究の指針としたい。なお、文明の定義などに関しては、ここでは扱わないが、ここで言う「文明」とは、いわゆる文化・政治・経済・科学技術など、別々に論じられる領域を一つのまとまりとして総合的、かつ相関的に捉える考え方であり、従来の領域分断的な思考――いわゆる近代的科学思想――とは反対のベクトルを持っている。しかし、両者を対立的に捉えるのではなく、いわば従来の思考を基礎としつつ、総合的な視点でそれらを再統合しようとする考え方である。*

＊ 比較文明に関しては、伊東俊太郎『比較文明論』Ⅰ・Ⅱ、著作集七、八巻、麗沢大学出版会、二〇〇八年を参照。また、著者の考えは、前掲、拙著『インド宗教興亡史』に示した。

2　世俗仏教としての菩薩信仰

周知のように大乗仏教は、菩薩という在家信徒を中心とする在家主義仏教とも呼ばれ、ブッダ以来の伝統的仏教の直系である上座部仏教とは一線を画す仏教である。そしてその思想的な根拠として、『法華経』がある。

『法華経』では、ブッダになる前の修行者、つまり在家者であったゴータマを指す言葉であった菩薩の概念を大幅に拡大し、新しい理論や信仰対象として大きく様変わりさせた。特に、厳格な聖俗分離型の宗教形態、すなわち出家（脱世俗）形態を基本とすることは、仏教やジャイナ教に共通するインドの出家型宗教の基本形態である。

ところが新しい仏教は以下に検討するように、この厳格な禁欲を中心とする修行型の出家主義仏教を貶め、金銀財宝という資本の増大を肯定する世俗主義仏教のあり方を真のブッダの教え、仏教の正統として強調した。この宗教運動の起点がどこに見いだせるのかは諸説あり、断定できない。しかし、この菩薩思想が、新興の仏教の一派であった大乗仏教徒によって受け入れられ、また大いに発展した理由は明らかであると考える。

というのも出家者を尊び、その宗教的な意義を無批判に受け入れる文化を持たないギリシア人をはじめ、ペルシア、ローマ、スキタイ、サヤカ、ソグド、さらには中国、日本……などの異邦人・異民族を相手に布教しなければならなかったという社会背景が、右の仏教変容に向けた大きな要素としてあったからではないか、と考えられる。もちろん、インドにはバラモン教の祭祀階級であるバラモンの存在がある。彼らは家庭生活を営み、かつ世襲の司祭階級であり、インドの宗教界の主流である。ただし、仏教はそれを批判して出家主義となった。他方、中央アジアは幾多の民族、王朝が興亡を繰り返し、そのつど文化、さらには文明レベルの変化さえ惹き起こされた地域である。

そのような民族には、出家主義や祭祀階級の社会的な優位性を認めない者も少なくなかったはずである。仏教が教宣を拡大するためには、そのような過酷な状況にむしろ深く関わる必要があった。そのためには、自らの宗教形態を他者に合わせ、あるいはその要請に即して大きく変える必要があったのみならず、それでも仏教としての同一性が保持できるという思想的な裏づけと強靱な思想体系が不可欠でもあった。つまり、そのような状況への対応を積極的に認める教えが、仏教には存在したのである。そして特に大乗仏教として異質なる文化・文明の下に教宣を拡大させるための自己変容さえ認める、その原動力の一つとなったのが、梵天勧請の教えであった、というのが筆者の考えである。しかもこの地域では、宗教的な融和のみならず、文化・文明レベルでの対話・融和が大規模に行われ、その影響は仏教美術や儀礼などの多様な部分にまで及んだ。いわば生活全体を巻き込んだ、文明レベルの神仏習合であった。

3　『法華経』に見る神仏習合

以下においては、文明対話の結果として生まれた仏教内の新宗教運動に関して、典型的な事例を検討する。ここでは、神の領域ではなく、より日常的な要素に注目する。
例えば、『妙法蓮華経』常不軽菩薩品第二十には、

四衆（人々）の中に、瞋恚を生し心浄かざる者ありて、悪口し罵詈して言わく「この無知の比丘は、（どんな理由があって）何れの所より来るや。自ら、われ汝を軽しめず、と言いて、われ等がために、当に仏と作る（完全な悟りが開ける、即ち）仏となれることを得べし、と授記（予告）す。われ等は、かくの如き虚妄の授記を用いざるなり」と。かくの如く、多年を経歴して、常に罵詈らるるも、瞋恚を生さずして、常に是の言を作せり、「汝は当に仏と作るべし」と。
この語を説く時、衆人、或は杖木・瓦石を以て之を打擲れば、避け走り遠く住して、猶、高声に唱えて言わく「われ敢えて汝等を軽しめず、汝等は皆当に仏と作る（悟りが開ける）すべし」と。其の常に是の語を作すを以ての故に、増上慢の比丘・比丘尼・優婆塞・優婆夷、これを号して常不軽と為せるなり。

（『法華経』下、岩波文庫、一九七六年、一三四、一三五頁）

この引用では、冒頭の「四衆《ししゅ》」という言葉に注目したい。まず仏教一般で四衆と呼ばれるの

は、仏教教団を支える男女の僧と信徒とを意味するのであるが、ここではむしろ、仏教を信じない人々との関係性を表現していると読む方が、少なくとも非インド的要素の強い西北インド、中央アジアや中国、日本などの異境の地における仏教徒の境遇を示しているように思われる。

しかし、従来の解説では、新興の仏教宗派であった大乗仏教の徒、というより『法華経』を奉じる仏教徒が、既成教団の弾圧に遭遇した苦難を表わしたものであり、新しい仏教徒の信仰理念を示したものとされる。もちろん、そうには違いないのだが、ここで重要な点は、敵対する人々とも相利共栄関係を築くまで、つまり仏教の協賛者、あるいは信徒になってもらうために、決して怒らず、苦難に耐え忍ぶことを教えているということである。

この謙虚さは、もちろん高邁な仏教の理想に負うところが大きいであろうが、しかし自らの存在とその存続において、他者の存在を不可欠とするという仏教の梵天勧請の教えが、その根底にあるがゆえに、自らの存在を強力には主張せず、むしろ他者の尊重という思想や行為が生じるのである、という理解も可能となる。

ところで、この「菩薩」の存在も、文明融合という視点から重要である。というのもこの菩薩という言葉は、伝統仏教における悟りを成就する前のゴータマ・シッダルタ王子を表わす言葉であったが、大乗仏教になると、「悟りを求めて、世俗世界で修行する（仏教的な精神で生きる）人々」を意味するようになった。その修行の中身としては、前述の他者からの迫害に耐えることと、それを乗り越えることとが求められる。また遠隔地貿易に従事する信徒が多かった仏教徒は、身の危険を回避するためにも、宗教の力を求めていた。つまり強い忍耐力や行ではなく、信仰の力を求めていた。

ところがインド以来の仏教は脱世俗宗教であり、そのような現世利益的な意義を認めてはいなかった。しかし、中央アジアにおける一般の宗教信徒、つまりギリシア・ローマの宗教信者、さらにゾロアスター教徒らは、信仰や儀礼による世俗的な利益を宗教に求めていた。いわゆる現世利益である。この点でも、大乗仏教は大幅にインド的な性格を捨象し、仏教の呪術性（功徳性）を強調する。因みに当該地域には、インド的な要素の強い伝統（いわゆる小乗）仏教も普及していた。しかし、結果として世界に広く伝播したのは、文明のハイブリット型宗教の大乗仏教である。

その大乗仏教の代表的な経典である『法華経』では、この点を、

仏は無尽意菩薩に告げたもう「善男子よ、若し無量百千万億の衆生ありて、諸の苦難を受けんに、この観世音菩薩を聞きて一心に名を称えれば、観世音菩薩は、即時にその音声を観じて皆、解脱（その苦難から免れる）することを得せしめん。若しこの観音菩薩の名を持つもの有らば、設い大火に入るとも、火も焼くこと能わず、この菩薩の威神力に由るが

故なり。若し大水のために漂わされんに、その名号を称えれば、即ち浅き処を得ん。（同書、二四二、二四四頁）

このように、『法華経』の存在は、いまや悟りのための指導書としての従来の経典の位置づけから、呪術的な力を付与する聖典へと変貌するのである。この傾向は『法華経』のみならず、他の大乗経典も同様である。つまり、『阿弥陀経』『十地経』などは、超越的な存在——いわゆる西方特に中東系の神——の特殊な呪術力への信仰を中心に説かれており、ここでも西方文明の影響下にある中央アジアの既存宗教との融合が積極的になされたことが見て取れる。

この他にも『法華経』には、マジカルな力を保証するような言説が溢れている。これは裏を返せば、仏教という宗教に、前述のような呪術的・現世利益的な効果を望む人々が信者となっていた、あるいはそういう人々を対象として布教していたという証左である。それは同経典の「若し百千万億の衆生ありて、金・銀・瑠璃・蝦蛄・瑪瑙・珊瑚・琥珀・神授の宝を求めんがために大海に入らんに……。この諸々の人等は皆、羅刹の難を解脱《まぬが》るることを得ん」（二四四頁）とあるように、この経典を奉じる人（既存の信徒）、さらにこれから奉じるであろう人（布教対象者）は、一攫千金を求めるような野心家、少なくとも世俗の資本家や商人たちであった。彼らは、宗教的な解脱よりも、経済行為の成功を願っているような一般的な人々である。

そして、彼らの仏教への直接的な要求は、ゴータマ・ブッダの仏教の理想からは、かなり離れた要請であり、それに対して仏教は応えねばならなかった、という環境に置かれていたこと、さらに仏教は梵天勧請思想のような他者の尊重という思想を持つがゆえに、それにうまく対応できたということである。このような非インド的な仏教への変貌は、他の大乗経典でも同様に見て取れる。

しかし大乗仏教は、だからと言って、仏教の核心である衆生の救済（悟り）という目的を放棄したわけではない。なぜなら、この経典の最終目的は、やはり詰まるところは解脱にあるからである。

さて、ではこのような根源的な相違とも言うべき文化の差を超えて、自己同一性をいかにして仏教は維持できたのか、という点を次に考えてみよう。

4　空という思想の文明論的意義

前述の『法華経』に代表される大乗仏教が、既存地域の宗教と相利共栄関係をいかにして築くに至ったかを、思想的に分析してみると、従来の研究では、大乗仏教の根本思想と言われる「空」の思想が注目された。周知のように「空」思想は、龍樹（一五〇―二五〇年頃）によって体系化された大乗仏教の根本思想である。その思想は要約すれば、「われわれは固定的な『法（この世に存在するさまざまな観念、法則等々、われわれの生活を根本から規定する概念など）』という観念が、永続的であり、普遍であるというような観念を抱いてはいけない」（中村元『空の論理　大乗仏教Ⅲ』決定版選集二二、春秋社、一九九四年、一五―一六頁）ということになる。そして、一般に空の思想は、「法」を実体と見なす伝統的な仏教教団への批判である、と理解されている。もちろん、仏教思想史においては、この空を説明する際には、仏教の有力宗派であった説《せつ》一切《いっさい》有《う》部《ぶ》（すべては実在すると説く仏教の主流派）を攻撃するための論理である、と一般には理解されている。

　しかし、視点を変えて、この空を説く中観思想が登場する時代や地域を観ると、仏教を取り巻いてさまざまな異質の宗教が存在し、仏教はこれらの宗教と相利共栄関係を構築しなければならなかった、そんな時代にあった。つまり、仏教は異なる多くの宗教、民族、文明が混在する中で、彼らと伴に生き残るためには、それらの集団を仏教の教えの中に総合化・体系化してゆくことが求められていたのではないだろうか。というのも、現在でも同様であるが、民族や宗教の相違は、根深い対立や紛争、時には深刻な殺戮をも生みかねない厳しいものである。そして、その根源に利己的な思想、さらには自己の絶対化があり、独善的な宗教教理がある。しかし、各宗教や民族などが、自己の絶対化を主張して譲らなければ、異なる民族、宗教などの社会集団は互いに対立し、最終的には殺戮の応酬となる。しかし、自己の立場を相対化し、より高い理念において生かしうる思想や宗教が存在すれば、相互に自己を保ちつつ、より包括的で統一的な価値観に基づき、具体的には一つの宗教の下で、平和的な共生が可能となる。つまり相利共栄の関係が構築できる、というわけである。そして、それには体系的な思想が不可欠となる。その意味で、仏教が提示したのがこの「空の論理」であったと思われる。

この点に関して中村元先生は、「『中観』においては、有部の法有（特定の実態概念を認める）の主張をふくめて、なんらかの意味において多数の実体的原理を想定するもろもろの哲学思想（のみならず宗教思想）を批判し論難している。……この理法（中観）は、相対的に対立している諸概念（諸宗教思想、文化など）のうちいずれか一方に執着しないことである」（前掲『空の論理』一六頁）と解説する。

例えば、この点を中観の解説書では、

中観派にとっては、独立の推論（思想）をなすことは正しくない。なんとなれば〔対立した〕二つの立論（主義主張）のうちで一方を承認することになるからである。

（『空の論理』九頁）

さらには、

有と無との（相対立する）二論を排斥することによって、われわれはニルヴァーナの域に赴く不二の道を明らかにする。（同、三一九頁）

として、相容れない主義主張の一方に偏らない立場、さらにはそれらを超える理想や思想を提示することで、両者に偏らない、しかもどちらも排除しない、理想的状態に到達できることを教えている。

このように異なる他者との対立を超えて、なおかつどちらかの排除を考えるのでもなく、高い理想から双方を生かしつつ統合するという発想には、他者の存在を不可欠とする仏教の伝統的思想、つまり梵天勧請の教え以来の、相利共栄思想の伝統が息づいていることが明らかとなる。そのためには、双方を仏教の高度な理想により、相対化し融和させる理論が不可欠であり、それが空の思想が生み出された背景ではなかったか、と筆者は考えている。

次に、文化的な神仏習合とも言える仏像や仏画の出現、そして葬送文化としての梵天勧請理論、すなわち神仏習合について、さらに文明融合の立場から検討しよう。

5　真理の具象化と仏教の変容

西方文明の中心であったエジプトやメソポタミア、そしてペルシアやギリシア文明においては、聖像とりわけ神像の制作と崇拝は盛んであった。一方、周知のようにセム族の宗教においては、神を具象化すること、具体的には人間のかたちなどで表わし、崇拝対象とすることを禁止している。したがって、その教えを厳格に守るユダヤ教やイスラーム教では、神を具象化することすらタブーとされている。もちろん、人間の知恵はそのような中でも、信仰の拠り所としての存在を生み出している。例えば、イスラームでは絵画や彫刻による神聖性の表現にはタブーがあるために、イスラーム書道が特殊な発達をみた。また、ヘレニズムの影響が強いキリスト教では、事実上絵画や彫刻によるイエス・キリストや聖人・聖者たちの像が信仰の対象となっている。

仏教においては、他の宗教のような超越的存在である神は存在しないがゆえに、信仰の対象はブッダの教え、さらには開祖であるブッダその人が結果的に崇拝対象となっていった。とはいえ、ブッダ自身が自らを神聖視することを戒めたために、初期仏教ではブッダの悟りの内容とも言える、真実の法が信仰の対象となってきた。しかし、この抽象概念は具体像をイメージし難いがゆえに、結果として仏教ではゴータマ・ブッダの焼骨・灰が民間信仰として崇拝対象になった。一方で、宗教エリートである僧侶たちには、具体的な修行法（律蔵）が与えられており、「自灯明、法灯明（自らを拠り所とし、法を導きとして修行しなさい）」という最後の教えもあり、仏教では正式にブッダを神格化して、それを具象化し崇拝することはなかった。

しかし、徐々にブッダの遺骨崇拝が浸透し、いわゆるブッダのお墓に相当するストゥーパ（仏塔）崇拝が生まれ、やがてその装飾から仏教芸術が誕生し、新しい宗教運動へと発展していった、というのが現在の仏教の芸術面におけるスタンダードな発展史である。一般に、この仏塔崇拝の動きも、アショーカ王の時代を期に大きく前進したようであり、それはブッダの死後一五〇年ほどを経過した頃とされる。

いずれにしても仏教において、仏像が崇拝対象として制作された背景には、ブッダの焼骨・灰崇拝から、その遺骨が納められた仏塔の崇拝、そして仏像崇拝と徐々に変化してゆく過程があったことは事実である。しかし、ギリシア人支配を通じて、神像制作に対する知見にしろ技術にしろ、神像を造る可能性はあったにもかかわらず、仏教徒がそれを必要としなかったその理由とは何か、そしてそれを破った要因とは何か、という議論は永遠の謎であろう。しかし、仏教の場合は、セム族の宗教のように聖像作成と崇拝への禁止条項はないがゆえに、仏像崇拝のハードルは高くない。

つまり、インドの伝統宗教であるバラモン教——中世以後はヒンドゥー教——では、ヴェーダ聖典や儀礼が信仰の中心であり、具象化された神像は制作されたかったし、崇拝もされなかった。仏教は当然ながらその伝統の下にあったのだが、それが紀元前後に突如として出現し、瞬く間に一般化したのである。つまり、聖像を造らないという文化が剝離し、仏像を崇拝する新しい仏教が出現し、大乗仏教の信仰形態を造ったのである。そして最初の仏像出現の地が、ギリシア・ローマの影響が強く、またアレクサンダー大王以来、ギリシア人が居住し、西方文明のいわば西北インドにおける橋頭堡的存在であったガンダーラであったことは、文明論的に考えれば、当然と言うべきことである。

つまり、ここでは西方文明とインド文明とが混じり合い、新しい文明の形態が生まれ易い環境にあったのである。すなわち、文化剝離が容易に起きやすい状況にあった。しかし、現実には、この現象が起こるまでにはギリシアの興隆が始まってから数世紀という時間を要した。しかも、その当事者はギリシア系の民族ではなく、クシャーン族（月氏の一枝族）であり、いわばインド文明からも、ヘレニズム文明からも離れた遊牧民であった。彼らは、それまで守られてきた宗教タブーを容易に超えたのである。おそらく、新しい征服者であったクシャーン族の文化的な要求を受け入れるかたちで、仏教の中に、ヘレニズム的な仏の具象化と崇拝という信仰形態が導入されたのであろう。ここにも、融和的な仏教の根本姿勢が反映されているが、その背後に他者の宗教思想を含む文化的要素と積極的に融和することを是とする、梵天勧請の教えが生きている、と言えるであろう。

6　葬送儀礼の文化融合

宗教において葬送儀礼は、特にそれぞれの宗教に独自なものであり、またそのことへのこだわりも強い領域である。インド生まれの仏教が非インド文明地域に平和裡に進出するためには、他宗教の葬送儀礼を取り込むことが不可欠となる。特にインドでは、火葬が一般的であり、それに伴う儀礼や埋葬法の扱いが問題となる可能性があった。しかし幸いにも、西北インドや中央アジア地域に影響力のあったギリシア・ローマ人には葬送に関して大きな対立はなかった。また、同様にペルシアから中央アジアに大きな勢力を有していたゾロアスター教にも特殊な葬送儀礼、特に遺骨崇拝があり、仏教との間に基本的な衝突は生まれなかったと思われる。というより、仏教の伝統では、葬送儀礼に僧侶はこだわってはならないとされていたのであり、教理においても、葬送儀礼は浸透していく地域それぞれの文化様式に従うことが認められていた。その意味で中央アジアの人々が仏教を受け入れる場合にも、当該地域の葬送儀礼や世界観との衝突は少なかった、と考えられる。それどころか、仏教徒たちは、当該地域の葬送儀礼やその思想を仏教の内部に積極的に取り入れた、と考えられるのである。

その結果、仏教の抽象的な教えと、既存の宗教との共生は容易であったとも言える。例えば、日本に伝えられた大乗仏教の世界観、特に来世観には、インドの輪廻思想が徹底したものではなく、西側文明の要素が多く含まれている。例えば、お盆という儀礼に関しても盂蘭盆会《うらぼんえ》（urabonne）を仏教の辞書で引くと、サンスクリット語の ullambana（倒掛）の訳とあり、その語源と意味とが通じ合わない。これは無理に仏教・イコール・インド（中インド）を前提としたものであり、中央アジアにおけるゾロアスター教の祖霊を意味するウルヴァン（urvan）が、融和主義の仏教に取り入れられたとする方が自然である、と筆者は考える。

いずれにしても、初期の仏教教典には、祖先崇拝、供養などの儀礼が強調されてはいないが、中央アジアの伝統が重視された大乗仏教経典やその儀礼には、弥勒信仰はじめ三途の川や脱衣《だつえ》婆《ば》や死後の裁きなど、断片的ながら西方宗教の要素が取り入れられている。

梵天勧請理論をベースとする仏教においては、他地域においては、その死後の世界観と儀礼を導入することには、ほとんど問題ないというより、積極的になされるべきことであった。ところが従来の仏教研究では、仏教ナショナリズム的な発想があり、なにがなんでも仏教関連の文化はインド起源の帰結に持ち込みたいという、無意識レベルからの解釈があった。しかし、仏教、特に大乗仏教は、融合文明の成果として生まれた新しい仏教のあり方という解釈の方が、諸要素を考えればずっと事実に近いであろう。この点は、R・キミノ（R. Cimino）の『古代ローマとインド』（一九九四年）でも、当該地域の文化的な融和現象が多方面から論じられている。

以上を総合すると、中央アジアにおいては仏教の浸透によって文化的な軋轢が紛争として起こることはなかった、現代的に言えば、深刻な宗教戦争や宗教対立は起こっていなかった、ということがわかる。因みに、仏教が西アジアにも広く布教され、その伝道師たちが現在のイランやイラクにも多く活躍していたことが知られている（森本公誠による「仏教」の項目、『新イスラム事典』）。彼らは多様な文明との融合を積極的に行い、それを仏教文化の形成に何らかのかたちで導入したことは疑いようのないことである（Mostafa Vaziri, *Buddhism in Iran*, palgrave, Macmillan, 2012. pp.89-109）。

いずれにしても仏教徒、特に大乗仏教徒は、ギリシアの神々やペルシアの風習を積極的に仏教に取り入れることで、彼らとの共生関係の構築を実現し、それが見事に成功した結果、仏教は普遍宗教として世界に伝播・定着することとなったのである（奈良康明『仏教史1』世界宗教史叢書7，山川出版社、一九七九年、一一〇頁）。

第二章　神仏習合への道

1　用明天皇の帰依の意義

次に、やや飛躍はあるが、日本における梵天勧請が生み出した関係を見てみよう。周知のように仏教は、六世紀に朝鮮半島の百済から導入された宗教であって、その導入の経緯もいかにも仏教的である。一般的には、仏教は政治的な意図のもと、もたらされたと言われる。その年代には諸説あるが、少なくとも六世紀の前半であり、その際の、百済の聖明王の文章には、「この法は諸の法の中に、最も殊勝《（すぐ）》れています。解《（さと）》り難く入り難し。……譬えば人の随意宝《こころのままなるたから》を懐きて、用《す》べき所に逐ひて、すべからくに情《こころ》の依《まま》なるが如く、この妙法の宝も然りなり。祈り願うこと情の依にして、乏しき所無し。それ遠くは天竺より、爰《ここ》に三韓に洎《いた》るまでに、教《（みのり）》に依ひ奉け持ちて尊び敬わんということなし」（欽明天皇十三年十月『日本書紀』）とあった。これに対して、欽明天皇は、「朕《われ》、昔より来、未だ嘗て是の如く微妙《くわわ》しき法《のり》を聞くこと得ず。しかれども朕自ら定むまじ」と述べられた。そこで崇仏派とされる蘇我稲目《そがのいなめ》が、「西蕃《にしのとなり》の諸国《くにぐに》、もはらに皆礼《うやま》ふ。豊秋大和、豈独り背かむや」とするのに対して、保守派の物部尾輿《もののべのおこし》等は「我がみかどの、天下に王《きみ》とましますは、恒《つね》に天地社陵の百八十神を以て、春夏秋冬、祭拝りたまうことを事《わざ》とす。方に今改めて蕃神を拝みたまはば、恐るらくは国つ神の怒りを致したまはむ」ということになった。おそらくこの『日本書紀』の既述は、前後が逆で、大臣たちの反対があり、天皇が判断を見送ったということであろう。あるいは天皇は古来独断専行されなかったのか。

しかし仏教はそれに対して、力による布教や無理強いはしていない。相手の立場を尊重し、相手が必要とするまで待つのである。特に、天皇は日本古来の宗教の祭主であり、同時に神でもあるわけである。その天皇の帰依をおいて、仏教は日本社会に基盤を築くことはできない。しかし、武力を持たない仏教は、梵天勧請関係の構築まで、その機運を待つことになる。それが、『日本書記』に「天皇、仏の法を信《う》けたまひ神道《かみのみち》を尊びたまふ」（第四巻五二）と記された用明天皇の仏教への帰依である。用明天皇は短命な天皇であったが、仏教の日本における平和的定着、つまり神道との共栄関係を築くその基礎構築には、用明天皇の存在なくしては語ることができない、と筆者は考えている。

仏教への用明天皇の帰依については、天皇の即位直後に、仏教信仰の公的な受け入れを諮ったことが書き記されている。しかし、そのときは決着がつかなかった。しかし、用明二年（五八七年）の臨終を迎えた場面である。病める天皇に鞍部多須奈《くらべのたすな》が、「天皇の奉為に、出家いて脩道はむ。また丈六の仏像及び寺を作り奉らむ」と進言すると、「天皇、為に悲び慟び給う」（『日本書記』四—六三）との記載がある。おそらく渡来系の人々を背景に持っていた用明天皇は早くから仏教に親しみ、個人的には信仰を受け入れていたのであろう。

その用明天皇が死に直面し、仏教式供養を申し出る鞍部多須奈の言葉に涙する姿、この天皇の存在は以後の日本宗教史のみならず文明史上において大きな意義を持つと言えよう。なぜなら、結果として神道の主祭であり、現神《あきつかみ》である天皇が信仰を受け入れたという事実は、以後の日本のあり方を大きく変えることになったからである。その後は、物部氏が敗退し、用明帝の皇子であった聖徳太子の活躍により、仏教は神道との共生関係、さらには相利共生関係を造ることができた。これは周知のことである。

2　天皇の帰依と神仏習合

いずれにしても仏教は、自ら暴力や武力をもって信仰を強制しなかったが、用明天皇や聖徳太子、さらにはそれ以後の歴代の天皇の帰依をえて、結果として日本を文明国化することに大きな貢献をした。いずれにしても開明派蘇我氏の主導で始まった日本の仏教化は、天皇という神道の祭主の帰依によって、まさに日本版梵天勧請関係が成立し、いっそうの深化をみた。それを支えたのが、現代的に言えば国際交流を担った帰化人層と、それを束ねた蘇我氏、そして開明派に転じた天皇一族であった。

その最初の主導者が聖徳太子であり、太子を使って、仏教精神を原理として国家運営を司った推古天皇であった。その後の発展は東大寺建立を果たした聖武天皇によって頂点を迎える。いずれにしても、神道の主宰者である天皇自らが仏教興隆の主導者となったのであるから、当然日本の各地の地主神も軌を一にすることになる。従来の神仏習合研究は、この後の地方神の仏教への帰依が主題であるが、本来は神道の主祭者、現神である天皇の帰依こそ、日本版神仏習合の最大の特徴であることが理解されるべきであろう。それは、インドでも、また中国でも同様であった。

日本の仏教化は、朝鮮からの帰化人を中心とする民間信仰レベルと、天皇を中心とする為政者レベルとの二重構造から始まったが、聖武天皇による東大寺の大仏建立を契機として、両者は一体化する。その象徴は民間（私度）僧侶の行基《ぎょうき》の活躍と宇佐八幡の帰依である。

もともと宇佐八幡は大陸系の神であったらしく、神仏習合の伝統の原型を担っていたと思われるが、いずれにしてもこれは古代の日本社会における一大イベントであり、日本の国際化、その実は仏教化の一つの到達点であった、東大寺大仏の建立というイベントにおいてその存在を急遽表わすことになる。すなわち、国家鎮護の方法として仏教を採用し、その完成型とも言える国分寺、国分尼寺の建設を進めてきた果ての最後の仕事として、国家の総鎮守である、いわゆる東大寺「四天王護国の寺」の主仏としての毘盧遮那仏の鋳造という難事業に苦慮する聖武天皇に対して、宇佐八幡は一方的に協力を申し出たのである。

3　地方神との神仏習合

聖武天皇が発願し、その建設が困難を極めた毘盧遮那仏の鋳造に際して、地方の神である宇佐八幡に「地祇《ちぎ》を率《ひき》いて必ず（大仏建立を）成し奉る。銅の湯を水となし、わが身を草木土に交えて障ることなく（大仏鋳造の完成を）なさん」という協力の託宣が下された。この結果、「宇佐八幡の勧請は、鋳造技術上の難題解決のための事業の一つであった」（『東大寺大仏』二一二）というように、この八幡神の存在が、東大寺大仏建立という日本の仏教化の初期形態の完成に大きな役割を果たすこととなった。

このエピソードは、インドの梵天勧請の教えを彷彿させる。しかも、大仏鋳造直後の天平勝宝元（七四九）年一二月には、八幡大神とお供の宇佐宮の女禰宜《めねぎ》大神杜女《おおがのもりめ》が大仏を拝するために宇佐を出立し、紫の輿《こし》に乗って東大寺の開眼供養に参列し、その開眼を祝った。その後八幡大神は、東大寺の守り神、つまり日本の守り神として手向山八幡として今日に至っている。ただし現在は、明治以降の廃仏毀釈の結果、従来のような宗教的な関係は強調されていない。

そしてその前後、日本中の地域神は雪崩をうったように、仏に帰依し、仏教の守護者として、相利共生の関係を形成する。いわゆる本地垂迹説と言われる形態が徐々に形造られ、代表的な神社には寺院（神宮寺）が併設され、八幡神は寺とセットで建立された。このとき、重要なことは、仏教においてはセム族の宗教のように他の宗教を殲滅するかたちで呑み込むことはなく、他者を生かしつつ、自らも繁栄したという梵天勧請の教えが生きていたことである。

しかし、次に検討するように、共生してきた相手が、独自性を持ったり、共生関係を構築することを拒む場合には、仏教の融和的な教えは、かえって仏教そのものの滅亡を導くこととなる。なぜなら、仏教は武力を肯定せず、他者を無防備に自らのうちに招き入れる、あるいは共生しようとし、他者にもそれを求める、少なくともそれを前提とする構造だからである。つまり、他者がこれを拒否した場合には、なすすべを持たないのである。

第三章　梵天勧請理論の限界

1　インドにおける仏教の衰亡とイスラーム

かつては、仏教が隆盛下の地域で、現在はイスラーム化した地域が意外に多いことに、かねてから筆者は疑問を持っていた。つまり、中央アジアやインド西北部（現在のパキスタンなど）やインド東部（現在のバングラデシュ）、さらには、東南アジアのイスラーム化した国々、これらの地域の多くはかつて仏教が隆盛した地域と重なり合うのである。そして、現在それらの地域はイスラームの勢力が優勢な地域であり、仏教は遺跡としてその痕跡を残すのみである。

つまり、現在の仏教遺跡の多くは、パキスタンやバングラデシュにあり、インドにおいても有名な仏教遺跡の近くには、ムスリム（イスラーム教徒）の村落が多数存在するなど、仏教とイスラーム教とのなんらかの歴史的な関係性が推測される事例が多々見受けられる。

この点に関しては、筆者はすでに拙著『インド仏教はなぜ亡んだのか——イスラム史料からの考察』（北樹出版、二〇〇四年）において、不十分ながら検討を加えた。しかし、両者の関係性を積極的に考察するには、このテーマはあまりにも大きく、その研究はいまだに端著に就いたばかりである。とは言え、中央アジアをはじめインド亜大陸においても、イスラームの定着とその発展とにほとんど期を同じくするように、仏教は当該地域から姿を消していったのであり、歴史的に両者の間に直接的な関係があったことは十分に推測される。もちろんそれは、単なる暴力による改宗の強制とか、あるいは殺戮というようなことは必ずしも意味しない。なぜなら、当該地域においては仏教が衰退し、その一方でイスラームが大きな勢力を獲得するようになった。その背景となった基本的な要因を、拙著『インド仏教はなぜ亡んだのか』では、仏教の受け皿となったイスラームという仮説のもとに、イスラーム史料である『チャチュ・ナーマ』などを中心として歴史的に考察した。

その結果、西暦七一一年にムハマンド・カーシムによる西インド征服時における仏教とイスラームとの関係から、仏教徒によるイスラームへの改宗が、同地域の仏教の消滅に大きな役割を果たしたという事情が明らかになった。もちろんその背景には、長く続いたインド社会における仏教とバラモン教との対立、あるいは対抗関係があった。つまり、仏教とバラモン教との社会的緊張関係は、イスラームの侵攻と定着までの千数百年年近くの長きにわたり、インド社会を貫く大原則であった。とくに、仏教はその教えの基本を人間の絶対平等に置き――つまりバラモン教の根本である、カースト差別の否定、存在の第一原理、すなわち不生・不変の神の否定――、さらにヒバラモン教の聖典である『ヴェーダ』の権威の否定などを根本教理としてきた。

つまり仏教の主張は、インドの正統宗教にして多数派宗教であるバラモン教の宗教的・社会的な権威を否定することであった。その意味で仏教は、インドの伝統から生まれた、インドにおける最大の異端宗教であり、その存在は宗教的のみならず社会的に、アンチ・バラモンの役割を果たしてきた宗教であった、ということができる。しかし同時に仏教は、決して決定的な対立を惹き起こすことはなかった。仏教は対立的関係を持ちながらも、根底では相利共生関係を、ヒンドゥー教との間に千数百年以上にわたって形成していたのである。

とはいえ、この仏教とバラモン教という旧来の対抗軸に、新たに強力なイスラームという対抗軸ができ、仏教が担ってきたアンチ・バラモンの役割は、結果としてイスラームが担うこととなり、インド社会において仏教は、その役割を終えたということである。そのとき、仏教が持つアンチ・バラモン教的な働きを求めた人々はイスラームに改宗し、また仏教と言えどもインドの精神風土から生まれたインド系の宗教であり、この要素を重視した人々はバラモン教に吸収されていった、と筆者は考える。とはいえ、その過程は数十年あるいは数世代単位であり、これに関してはさらなる研究の深化が求められる。

2　イスラーム史料の中の仏教

仏教とイスラーム教との接点を示すイスラーム最古の文献に『チャチュ・ナーマ』がある。同書は、六二二年頃に滅んだラーイ王朝の滅亡に関する記述に始まり、ムハンマド・カーシム（六九三—七一六年）率いるイスラーム軍の西インド支配達成を記録した、インド・イスラーム最古の文献である。このイスラーム文献は、仏教を信奉するラーイ王朝最後の王サハシ・ラーイ二世（在位六一〇頃—六二二年頃）の記述から始まる。この王は、中国僧玄奘《げんじょう》が『大唐西域記』において、敬虔な仏教徒であったと伝えるシンド王と同人物と考えられる。

そして、このラーイ王朝を倒したのがバラモン階級出身のチャチュ王（在位六二五年頃—六七〇年頃）であり、この王朝は七一一年のムハンマド・カーシムのシンド征服により滅亡する。『チャチュ・ナーマ』は、このラーイ王朝末期からカーシムによるシンド征服完了までを記録する。そして、この『チャチュ・ナーマ』は、ペルシア語で伝承されているが、アラビア語で書かれたオリジナルは散逸して伝わらず、その翻訳事情が伝えられている。それによれば、シリア出身のクフィーがイスラーム暦六一三（西暦一二一六—一七）年頃に、インドにイスラームをもたらした英雄でありながら、当時忘れ去られていたムハンマド・カーシムの事績を歴史書にしようとシンドを訪れた。そして当時、シンドを統治していたカーシムの一〇代目の子孫とされるイスマイルから『チャチュ・ナーマ』の原本に当たるアラビア語文献を託され、これを翻訳したのである。そして、そのアラビア語文献の成立は七五三年以前であることが、文中に見いだせるいくつかの重要な用語法から証明されている。

この『チャチュ・ナーマ』は、玄奘三蔵の『大唐西域記』の記述と、その地域と時代の重なる部分があり、『大唐西域記』との対比研究も重要である。ここから『チャチュ・ナーマ』に拠れば、玄奘三蔵が西インドに巡錫《じゅんしゃく》する一〇年以上前の六二〇年代中頃の事件における、仏教と国家との関係を垣間見ることができる。つまり、玄奘の言うシュードラ王、つまりサハシ・ラーイ王から王権を奪ったバラモン王朝の創設者チャチュ（六〇〇年頃—六七〇年頃）は、彼の国王就任に反対するアクハム王（藩王）討伐のために、ブラフマーバードに出兵した。この事件は、おおよそ六二〇年の中頃と思われる。その後、戦いは籠城戦となり、それは一年の長きにわたって続けられた。

チャチュはなにゆえ、アクハム王がこのような長きにわたって籠城に耐えることができたのか、不思議に思い、その理由を探らせた。その結果、アクハム王には沙門で苦行者、その名をブッダラクという名のブッダに保護された友人がいた。彼は偶像寺院を持ち、それはブッタ・ナヴィハーラと言い、（その中で）偶像や仲間たちや僧侶たちと、彼は暮らしており、彼は苦行者として有名であり、その地域の人々はみな彼の信奉者であった。彼は自分の弟子と苦行者に名声があり、その地方の人々のすべては彼に従っており、アクハムは彼を信仰し、彼を宗教的な指導者とした。アクハムが要塞にたてこもった時、苦行者もまた、彼に同行したが、しかし、彼は戦いには参加せず、偶像の家（寺院）に於いて宗教の本を読んでいた。（『チャチュ・ナーマ』）

との報告を受けた。この記述からは、仏教僧は王の護持僧という地位にあり、国家の危機の時には国王と一緒に戦いに参加し、祈禱や呪文などで、国家の護持活動を行っていた、と読むことができる。これは明らかに仏教が、ヒンドゥー教同様の祈禱などを行う宗教として機能していたことを意味している。

さらに、『チャチュ・ナーマ』では、密教化とも思われる呪術的な仏教の姿が具体的に紹介されている。

ブラフマナバードが落城するとチャチュはブラフマナバードに入城した。チャチュがアクハムとその息子が、（護持僧のブッダラクの）魔法（sihr）と奇術（atlbis）、魔術（jadu）によって、苦行者に忠誠（絶対的な信頼あるいは信仰）を持っていたこと、（そして）彼のやり繰りによって、戦いが一年も保持されたことを知る。するとチャチュはその僧の殺害を決心し、さらに彼の皮を剝いで太鼓にして、その皮が破れるまで打ってやると敵意を露にし、激怒する。（同）

この引用において、いわゆる密教的な仏教のありようを知るという観点から注目されるのは、苦行僧の存在とその行動であろう。つまり、仏教僧が民衆の指導者として大きな影響力を持っていた、ということである。さらには仏教はこの時代、決して宗教的に衰えてはいなかった、ということもある。それどころか、仏教はなお大きな社会的力を持っていた。その仏教が、どうして滅んだのであろうか。その答えに近づくのが、以下に検討する部分である。

3　ナショナリズムへの対応としての神仏習合

『チャチュ・ナーマ』の記述には、積極的にムスリム軍に協力する仏教徒たちの存在が描かれている。一般に、イスラーム史料はパターン化されており、また誇張も少なくない。しかしこの書に関しては、その成立は古く、そのようにパターン化されている部分は多くないと推定される。したがって、『チャチュ・ナーマ』に書かれたことはすべて否定されるべきものではない。例えば、現実のインド社会において、かつて仏教が盛んであった地方や地域に、仏教徒が多く居住するということは、インド全土に見られる傾向である。いずれにしても、仏教とバラモン教との関係が、政治的な事情から対立的であった事例を『チャチュ・ナーマ』は提示する。例えば、カーシムがアラビア海沿いの有名な港湾都市ダイバル攻略の後に向かった、ムジャという町での出来事である。

この町には人々に尊敬される（仏教）僧と、城の王バジャハラがいた。この王はチャチュの息子ダハルの従兄弟で、チャンドラの子，その名をバジャハラといった。（アラブ軍が攻めてきたことを知り）僧たちは集まって、バジャハラに意見書を差し出した。「私たちは苦行者です。私たちの宗教では、平穏を説き、私たちの教義では戦うこと、殺すことは許されません。また血を流すことも許されません。（中略）（この会話の後、強行に戦争を主張する王にたいして降伏を進言する。しかし、これが認められないと、勝手に使者をイスラーム軍に送り）、我々は農民であり、工芸人であり、商人であり、それぞれ取るに足りないものたちです。そして私たちはバジャハラを守るものではありません。そして私たちは貴方がたに刃向かうものではありません。（このように言って城門を開き、彼らを向かい入れたのであった。そして、王は逃避した）。（同）

というような記述である。これらは、バラモン教徒の王を追放し、仏教徒が僧侶を中心に一丸となって支配者と対決し、ムスリム軍を受け入れた過程を象徴的に示したものである。このとき、不殺生戒を盾に戦争を回避しようとする点に、仏教徒としての特徴を見る。と同時に、仏教徒を弾圧してきたバラモン教の権力者への反発もうかがえる。

しかし、それだけであろうか。彼ら仏教徒は、異質なる宗教であるイスラーム教に、むしろ積極的に近づこうとしているのである。『チャチュ・ナーマ』では、イスラーム教へと仏教徒が集団改宗したと記述されている。それは現在のパキスタンのハイデラバード近郊に位置した、ニールンでの出来事である。

その町の長老的存在の仏教僧バンダルカル・サーマニーが率先して、（ブッダの）偶像寺院の中にモスクを建てて、イスラームの祈りを捧げた。そして、イマームの指示で宗教的な行いがなされた。（同）

これは、仏教僧が祖先してムスリム軍を寺に受け入れ、しかもそこをモスクにしてしまったという記述である。つまり、仏教徒たちがイスラーム教に改宗したことを表わしている。もちろんこのときに、仏教徒たちはイスラームの祈りを受け入れるということの意味を理解していなかったと思われるが、イスラーム的視点から言えば、この仏教徒たちはイスラームに改宗したのだと理解したことは間違いない。また、インドでは仏教寺院やヒンドゥー寺院が、モスクに転用されるのは珍しいことではないがゆえに、この記述はかなり信憑性が高いと思われる。もっともこのときには、すべての人が仏教を棄てたわけではない。

この点を筆者は、前著作（『ブッダとムハンマド——開祖でわかる仏教とイスラム教』サンガ新書、二〇〇八年）において社会学的な考察に基づいて説明した。しかし仏教徒が、なにゆえ無防備にもイスラーム軍に安易に門戸を開いたのか、という点がいかにしても疑問であった。つまりここでは、征服者の宗教を簡単に受け入れたかのような行為が述べられているからである。筆者には、この点が納得いかなかったのである。しかし、梵天勧請の教えを、改めてここに引用すると、仏教の普遍的な戦略として、他の宗教との相利共生関係の樹立のために、相手の宗教を積極的に受け入れるという伝統行為を行った、ということで説明がつくように思われた。

つまり、イスラーム世界の爆発的な展開がインドに迫ってくる過程で、インドの正統派的信仰であるバラモン教徒に宗教的・社会的な危機感が生まれ、これがいわば現在で言うナショナリズムを巻き起こし、伝統的にばらばらな状態であったバラモン教の統合と、それによる護教運動、さらには国家護持意識の高揚を生み、インド全体が急速にバラモン教化していった原因ではないか。そのような時代にあって少数派あるいは異端的存在として、圧迫あるいは弾圧された仏教徒に、反バラモン教的機運が生まれ、それが仏教徒のイスラーム教への積極的な協力関係の構築に向けた活動を促し、そしてそれがイスラームのインドにおける展開とを結果的に助けたという解釈である。

しかし、この解釈をとると仏教は、バラモン教さらにはインドをイスラームに売った裏切り者という解釈となる。つまり、極めて打算的な宗教という評価が生まれてしまう。ところが、梵天勧請理論を基礎とすれば、仏教徒は伝統に従ってイスラームを受け入れた、ということになる。つまり、神仏習合理論を応用すると、この後のイスラーム教の受け入れも、仏教のバラモン教化現象も説明が容易となる。すなわち結果として、イスラームのインド侵攻と定着に協力することとなった受け入れも、バラモン教化とそれに合わせたように進む仏教の密教化現象も、すべて共通した仏教の自然な行動ということができるのである。ここに仏教の強みである、他宗教との前提のほとんどない親和性・受容姿勢の光と影、その可能性と限界がある、ということである。

4　ナショナリズム危機下の神仏習合の限界

また、中央アジアにおける仏教の中心として栄えたバルフのバルマキド族のイスラームへの改宗も、前述と同様な理由によるものであろう。というのも、このバルマキド族はよく知られた仏教一族で、『大唐西域記』でも有名な仏教寺院ナヴァ・ビハーラ（納《な》縛《ば》僧《そう》伽《が》藍《らん》）の所有者的存在であった。玄奘によれば、この寺院は玄奘が同地を訪れた六三〇年頃、先代王が建立したものとされる。この国は農業も盛んで、かつシルクロード交易で潤っていた。しかし、西方地域がイスラーム化した直後、イスラームに改宗した。

この王族は、イスラーム史料ではバルマク家出身のハリード（?）が改宗し、アッバス朝の第二代カリフ、マンスール（在位七五四―七七五年）の時代に地方総監を務めた。その息子のヤフーヤは、後のカリフ、ハルーン・アル・ラシード（七八六―八〇九年）の教育係で、その子はラシードの宰相となり、八〇三年に誅殺されるまで大きな力を振るった中央アジアの名族である。

このバルマキド家は前述の通り、バクトリア地域の名刹ナヴァ・ビハーラの寺院長を代々務める同地域の名族であり、ナヴァ・ビハーラの後ろ盾として君臨した。彼らは、イスラームの中央アジア侵出後ほどなくしてイスラームに改宗したのであるが、実は彼らはイスラームに改宗する——親和性を示す——一方で、仏教文化のイスラームへの導入に大きな役割を果たしたとも言われている。具体的には、ブッダ伝をアラビア語に訳すなどの事業を推進し、またメッカのカーバ神殿における儀礼に、仏教的な儀礼を導入したようだと言われている。つまり彼らは、イスラームに改宗しながら、それでもなお仏教の文化を維持し、イスラームの中にそれを移植しようとしたのではないだろうか。ある意味で、神（アッラー）仏（ブッダ）習合の形態をイスラームに持ち込もうとしたとも考えられるのである。*

＊ M. Vaziriには、特にイランにおけるイスラームへの仏教の影響が検討されている。シーア派には、仏足石に当たるイマームの足跡石（Qadamgah）信仰など、さまざまな文化が紹介されている。

すなわち、彼らの改宗が一〇〇パーセント、仏教を捨ててイスラームに改宗するというあり方ではなく、梵天勧請的な橋渡し的な改宗だったのかもしれないのである。つまり、現代的な改宗は、排他的な一神教の基準での改宗であるが、多神教的で、神仏習合型な仏教徒の改宗は、他宗教を受け入れるという改宗であったのであろう。しかし、結果的にイスラームとの神仏習合は失敗し、仏教は消滅する。その過程には、イスラームの執拗な弾圧があったこともまた事実である。

いずれにしてもこの点は、ある意味で仏教らしい行為であるとも言える。積極的にイスラームを受け入れつつ、自らの宗教もその中で共存させようと努力した、ということである。彼ら仏教徒の存在は、イスラーム文明形成期に大きな足跡を残した、とイスラーム学者も認めている。

しかし、時代が下り、一〇世紀末になると、イスラーム教徒によるインドや中央アジアへの宗教的弾圧は激しさを増す。特に、一〇世紀末以降の中央アジアのイスラーム教徒によるインド侵攻は苛烈であった。そのために、仏教はほとんど消滅するか、東インドのベンガル周辺や南インドに移動する。しかし、そのとき既に仏教の多くはバラモン教と混淆し、その独自性は寺院などの施設に限られていたようである。その根拠地が、イスラーム征服軍に破壊されると、仏教は教団としてはほぼ消滅し、仏教徒の多くはイスラーム教を受け入れた。*

＊　ベンガル地域の仏教の最後の姿に関しては、拙論「ベンガル仏教の衰亡報告」『大法輪』大法輪閣、二〇〇八年参照、しかし、このあたりの経緯に関しては、いまだに不明な点が少なくない。従来、考察されなかった要素として、イスラームの人口増加率の大きさがある。この点は、今後の課題である。

5　日本における神仏習合とその破綻

日本への仏教の伝播は、まず大陸からの渡来人により始まった。その後、欽明天皇の時代の公式伝播があり、多少の曲折の後、聖徳太子の『憲法十七条《いつくしきみのりとうあまりなな》』にあるように、「この法（仏教のこと）は万の国の極《きわめ》の法」（『憲法十七条』第二条）と記され、現代流に言えばグローバル・スタンダードと認識され、これを受け入れることとなった、というのが一般的な理解である。

しかし、神仏習合理論の観点から言えば、従来の理解には大きな見過ごしがある。それは、仏教と神道との関係性をつなぐ重要な出来事、つまり神道の現神《あきつかみ》であり、祭主である天皇が仏教をどのように受け入れたか、という点である。関連して、日本仏教の父とも言われる聖徳太子の父君である用明天皇が、天皇として、神道の現神、そして祭主でありながら、仏教に入信されたことが（「仏法を信《う》け」『日本書紀』）、日本における神仏習合のスタートであり、宗教的な大変革であったという事実は見逃してはならない重要な点である。つまり、用明天皇の存在があったからこそ、それ以後の天皇と皇室以下が、仏教と伝統的な神道との関係を相利共生的なものと考えることができたのである。その結果、聖徳太子の活躍や聖武天皇（在位七二四―七四九年）の受戒、僧体の天皇であった可能性が高い孝謙・称徳天皇（在位七四九―七五八年、七六四一七〇年）などにおいて、日本的な神仏習合が急速に成立する。つまり古代の日本においては、グローバル・スタンダードであった仏教の国教化が進行する。特に、その象徴が東大寺（国家総鎮守）をはじめ、多数の国立寺院の建立であり、それらの寺院には地域神を勧請し、逆に既存の神社には神宮寺が建設された。すなわち、神道との共存が図られて、八世紀の中葉以降、日本の寺院には神仏習合形態が雪崩を打って普及する。神々、天皇以下多くの民衆が仏教信仰を受け入れたのである。

しかし、神仏習合理論をとる仏教では、これらの神々との相利共生関係を維持し、信仰の根絶をはかったり、弾圧を試みることはなかった。それゆえに神道は、自らの独自性を維持しつつ仏教の高度な思想や儀礼を習得することができたのである。同様に仏教の方も、日本的な形態へと徐々に変化し、ついには檀家制度による国民皆仏教徒と自認しうるような仏教国家、仏教体制が成立する。

ところが、他方で民族宗教である神道は、新たな宗教形態である儒教、とりわけ中国のナショナリズムと密接に結びついた朱子学と融合し、仏教の普遍主義と敵対することになる。それが近代初頭に起こった神仏分離政策と、その後の廃仏毀釈運動、そして嫌仏社会である。

日本近代の危機的な状況において、神道ナショナリズム思想（国学）による暴力的な攻撃に、仏教はなすすべもなく破壊された。しかし、伝統や民衆の心を無視した狂信的なこの政策と運動はやがて破綻し、強靭な思想性と救済構造を持つ仏教は壊滅的なダメージを受けながらも、形を変えつつ、今日に至る。

とはいえ、明治初期の廃仏毀釈のすさまじさは、日本中の仏教寺院の多くが、当時の記録では四六万――あるいは二六万――あった寺院が、ほとんどゼロになったと言われていることからもうかがえる。よく知られた興福寺ですら、明治三〇年代の復興まで無住という状態であり、現在国宝に指定されている五重塔は二五円で売りに出されたのである。

当時の新聞には記されている、狂信的な神道主義政府と言いうる、明治新政府の神仏分離政策と廃仏毀釈運動によって、仏教施設の破壊や、仏具、什器の搬出、さらには民家における仏壇、仏具、石塔、位牌など、仏教儀礼に必要な備品の多くが破棄された、と。しかしながら、なんと言ってもその最大の損失は、仏教という宗教への信頼であり、それを支える文化が毀損されたことである。この時期を境に、日本の仏教は大きく変化した。その様子は、『新編・明治維新神仏分離資料』全一〇巻に生々しい記録として残されている。さらにまた筆者の個人的な調査によっても、明治までの一〇〇〇年以上にも及ぶ仏教と神道との相利共生の関係が、もろくも破れた事情が数多く記録されている。地方に行けば、その事件そのものはほとんど忘れ去られているが、当時の被害の大きさを示す傷跡は、いまだに各所に見いだすことができる。

むすび

筆者はかつて、仏教の衰亡という大きなテーマを掲げて研究を行った。その目的は、われわれの三、四代前の先祖がなぜ、一〇〇〇年以上にわたって築き上げられてきた仏教と神道との関係を、あのように簡単に破壊しえたのか、また仏教はそれを、なぜ座視したのか、その点を明らかにしたいということであった。そしてまず、インド仏教の衰亡から始めたのであるが、そこに見られたのは、一般に説明されているような仏教的非合理（迷信の類い）、僧侶の腐敗といった理由であり、それには十分に納得することができなかった。

そこで、この論考において取り上げた「梵天勧請の教え」を中心に、仏教がその初発から他の宗教とどのように交錯し、関係を築くに至ったのかの探求へと向かった。そして仏教は、自己のうちに他の宗教をそのままの状態で抱え込み、相利共生関係を築くことで世界に平和裡に広がったということ、そしてその結果として内包した他者によって内部から破壊されるという構造を否応なく持つことになっていた、ということを見いだした。さらにこれが、根本的な意味で仏教の衰亡に結びつくことに考え至ったのである。

とはいえ、ことさら武力を持つことなく、人間の理性や良心に訴えかける仏教の宗教的な根本姿勢は、人々の心、階級、民族、国家間の分断が進む二一世紀にあって、その価値が再び注目されつつある。特に、アメリカでは科学と親和性の高い仏教が、「マインドフルネス」というかたちで急速に普及しつつあり、また仏教の平和思想への共感も急速に高まっている、と言われている。いずれにしても、対立と憎悪の関係が再び世界を動かす原動力となりつつある昨今、異なる他者を受け入れ、自己犠牲を厭わず、平和裡に共生関係を築こうとする仏教の教えは、再び注目される意義が十二分にあるのではないだろうか。

終章　共生の思想としての世俗主義――インドを事例として

はじめに

現代社会は、環境破壊に代表される地球規模の問題から、人種、民族、国家、イデオロギー、貧富の格差、さらには性別、世代間等々、さまざまなレベルから紛争や対立を生み出してきた。その一方で、急激に進歩するＡＩ技術に代表される科学技術が生み出す、人間の融合＝融解の奔流は、既存の価値観を根底から突き崩しているように感じられる。この激動の時代を総合的に把握するための必要性から二〇世紀初頭に生まれたのが比較文明学であり、ここでは、その比較文明学の手法を用いて、「宗教と国家」、あるいは「政教分離」について検討してみたい。

比較文明学という学問は新しい学問であるので、あまり知られていないかもしれないが、比較思想とは非常に近縁な、兄弟的な関係にある。「思想」というよりもう少し広く、制度や科学技術の水準なども含めるということを含意していて、その意味で大きなレベルでものを考えるということを意味している。そうだとすると「政教分離」というテーマ、今ここで、主題とされている「国家と宗教」についても、まずはその両者を分離するべきであるかどうか、対として立てる必要があるのか否かという議論そのものについても、実はその主題はもっぱらヨーロッパ近代において論じられてきたものなのではないかと問うことから出発することになる。

つまり現代社会は、過去数世紀にわたって人類社会をリードしてきた近代西洋文明の存立基盤さえ、大きく揺らぐほどの急激な変化を伴っているということで、われわれ現代人は、その変化のスピードに適応できずにいるのではないか。そのために、かつて先進の社会形態（文明形態）として憧憬され、また模倣されてきた総体としての近代文明の限界が、急速に顕在化してきている、これが私の基本的な理解である。

1　近代西洋文明の特性とその限界

まず、インドについて検討する前に、ここでの「国家と宗教」というテーマに含まれる問題意識と私が考える、近代的な宗教と国家との関係に関する大まかな理解をまとめておきたい。

近代以降の西洋社会において、宗教と国家——権力構造なども含めて——との関係は、いわゆる政教分離の理想を原則として制度化されてきた。この原則の確立のために、西洋においては多くの血が流され、その結果、政教分離は西洋近代文明――その実は西洋近代キリスト教文明とするとより正確――の先進性を象徴する思想・制度として位置づけられてきた。確かに、中世的な聖俗一致の支配形態からの、つまりこの場合はキリスト教会による人間の根源的レベル――信仰から世俗社会まで――の支配（管理）からの離脱に始まり、いわゆる宗教世界と世俗世界との明確な分離として「聖俗分離」があった。これがプロテスタント諸派の出現である。その結果、教会支配から解放され、独自の宗教社会制度――私としては、プロテスタント文明、これが実質的に近代西洋文明の核をなすと考える――や理念を構築することになる。

そしてその基本は、カトリックの志向した総合と体系化を前提とする普遍化、つまり諸価値の共生という方向性ではなく、個別化と分離であり、純粋化であった。この純粋化は、宗教的にはセム的宗教の基本である価値の一元化と排他性とがセットとなり、自由で自立的な価値を重視する一方で、特定の価値観の強制や排除という文明の形態を生み出す原動力となったというのが、比較文明学の捉え方である。

いずれにしても、カトリックとプロテスタントとの宗教的な正統性をめぐる抗争や社会的な混乱の収拾の過程において、よく知られているように社会的に多大の犠牲を払うこととなった。そこで、キリスト教における隣人愛の精神を基礎とする寛容思想、特に宗派――つまり、所属する教会や信仰――を問わない世俗の社会生活レベルでの共生の思想として、いわゆる近代的な政教分離の思想や制度が形成された、と考えられる。

このような認識に立つと、西洋近代文明社会の下において確立された世俗主義は、近代西洋文明において生み出された特殊な思想や制度であり、それを無批判に普遍化することは、あまり生産的なことではない、ということになる。つまり、政教分離に代表される西洋近代文明の思想や制度をそのまま普遍化すること、つまり価値基準として、他地域の現状を分析評価することには、ある種のオリエンタリズム的な危険が伴うということである。当然、それを導入する側も、この点を十分考慮しなければ、真に西洋近代文明の優れた点を、導入・定着させるのに成功することは難しい、ということであろう。

私は、このテーマを普遍化するためには、さらにその背後にある事情の探求が不可欠であると考える。いずれにしても、従来はこの点をあまり考えずに、世俗化、あるいは政教分離という近代西洋文明に特有な概念や制度を直接、非西洋地域の現状分析に用いて、それぞれの地域の近代化度の評価基準とするという、暗黙あるいは無意識的傾向があったように感じられる。

しかし、西洋近代文明下において追求された世俗主義や政教分離に関する、近代西洋社会下の特殊事情を超えて、その普遍性の深みを抽出すれば、ここで取り上げているような異質な価値観とは、宗教的にはキリスト教新旧教義の対立を超越することに集約される。つまり、世俗化と聖俗分離とは、近代西洋社会における異質なるものとの共生の知恵であり、その結果としての制度である、という解釈になると考えられる。

くどいようだが、従来においてこれらは、近代西洋文明の先進性・優越性として、これをいわば普遍性の象徴と理解する啓蒙主義的な視点から、世俗化と聖俗分離とを他地域の文明度の尺度として用いるという啓蒙主義の持つ負の側面が、不幸にしてあまり認識されなかった。その結果、世俗主義や聖俗分離を支える真の意味が理解されなかったのではないか、少なくとも深掘りされなかったのではないかと考えられる。つまり、西洋近代文明が自身に内在する啓蒙主義的な独善から解放されたときにこそ、西洋近代社会下において展開された世俗化と聖俗分離の思想は、他の文明においても、それぞれの形態で見いだすことができ、その普遍性を逆に評価できる、と思われる。

したがって、ここにおいては、世俗主義という思想を生み出した西洋近代の基礎的価値観を形成したキリスト教、そしてこのキリスト教から導き出された理性的人格を有する個人、さらにはその個人の持つ属性としての合理性から生み出された世俗主義という、近代西洋文明独自の思想と制度に共通する構図を、果たしてインドの思想史において見いだせるか、見いだせるとすればどのような思想としてなのか、という根本的なところから始める必要があるということなのだ。

2　フィールドとしてのインドの特殊性

以上のように、世俗化や合理化という思想をそのままインド社会の分析に当てはめることはできないとすれば、ここでの主題との整合性をとるためには、多少の理解の補助線を引く作業が必要になる。というのも、先に述べたように、西洋近代文明における世俗主義思想は、カトリックとプロテスタントとの対立を超えることを目的とする歴史から生まれた思想であるに違いないからである。つまり、この思想が生まれた近代西洋社会においては、宗派あるいは教派間での深刻な対立はあったにしても、どちらもキリスト教という共通基盤に立って形成されたものであって、その意味で、直ちにそうした世俗主義や合理主義思想を、その脈絡においてインドの分析に当てはめることはできないということなのだ。

なぜなら、インド社会においては、その成立や価値観を異にする多様な宗教、つまりインドの民族宗教であるバラモン教、その発展型としてのヒンドゥー教、またさらにそこからの派生宗教である仏教、そしてさらにイスラーム教やキリスト教などなどが、その歴史形成に大きな役割を果たしてきたのである。つまりインド社会には、成り立ちも価値観も大きく異なる宗教が複数存在し、それらが入り乱れて、そこにおけるヘゲモニーを競ってきた、その結果としてインド社会は成立していると考えられる。

したがってインドにおいては、異質なるもの同士の共通項を見いだすという根本的な必要から、それも宗派対立のレベルではなく、根本的な宗教、さらには文明的背景をまったく異にする多様な宗教、そして文明との共生思想、および社会制度を形成することが求められたのであり、西洋近代においてその産物である世俗主義や合理主義思想を支えたキリスト教という前提に相当する思想や宗教、あるいは王権理論の発見と構築に多くの思想的な労力が費やされてきたのである。

すなわち、インドにおいて展開されてきた共生思想は、共通項を持たない者同士のいわばゼロから形成された思想なのであって、具体的に言えば、インドの共生思想とは、少数派である異教徒の国家と、多数派であり、被支配者となったヒンドゥー教との共生をめぐる思想的交流の結果、生まれたものであったと言える。この点で最も注目すべきはイスラーム教との関係だが、その前段階として歴史的に概観することも重要であろう。いずれにしても、インドの共生思想は、キリスト教を共通項とすることが可能な近代西洋思想の共生の思想を超える広がりを持っていると考えられるのである。

3　根源的な異質者との共生思想の展開

インドにおいては国家と宗教、権力あるいは王朝と宗教は、どのように表象されてきたのか。バラモン教、あるいはその発展形態としてのヒンドゥー教、仏教、ジャイナ教というようなものと、インド以外の発祥を持つ宗教――私は非インド系と呼ぶが――、古くはユダヤ教、キリスト教があったが、その後、ゾロアスター教があり、さらにイスラーム教がある。こうした多重の構造において、権力者と宗教との関係はいかに語られてきたのか、そしてその付置と関係はインドではどうなのか。そのときに西洋的な政治と宗教との関係において、近代西洋的な政教分離思想や制度は、果たしてインドでは成立するのか、意味があるのかという問題についても疑問が生じる。

この点から、宗教と政治とを分離してあるべきものとすべきなのか。国家観、あるいは権力の成り立ちや構造について問われるとき、インドから見れば、そうした概念のあり方と、その意味内容は曖昧でよくわからない部分があるのだ。近代の――この辺りの問題には、いま踏み込むことはできないが――信仰と教会、国家の枠組みと権力の構造との関係をいかに認識するのかという問いそれ自体が、近代的なものに力点を置かれており、近代西洋文明の特徴と言うべきなのではないだろうか。そうだとすれば、近代西洋文明はなぜそのような疑問を持つに至ったのか、この辺りを少し掘り下げてみる必要があると考える。

繰り返しになるかもしれないが、またうろ覚えの、素人的な西洋分析を展開することになるかもしれないが、基本的にはカトリックとプロテスタントとの極めて熾烈な、血で血を洗うような紛争と基本的な価値の対立があり、それもどちらが正統な救済であるのかといった、極度に宗教的であり、基礎を形づくる精神的・神学的な部分と、そこから発する構造的な部分とにおいて対立し、抜き差しならない状態になった。イギリスの事例を見ると、カトリックはまさに彼らのトレランス（寛容）を超えて――カトリックでは、トレランスについて、その意味は「あたかも娼婦があらゆる男性にトレランスであるかのように」という成句が示すものだという指摘がある――、そこを逸脱し、お互いに価値の根本から対立するだけではなく、日常生活の場において殺し合う、あるいは戦争をする。こうした事態を逆に言えば、ここまで行き詰まった関係を乗り越えるために、いかにすれば平和な、あるいは少なくとも平穏な社会、つまり共生社会を構成できるのかという根本的な疑問に逢着せざるをえなかったのであろう。

ここから政治と宗教という問題の地平において、いずれかの信仰に根ざした文明のレベルや政治形態、それらを含めた根本的な対立を超える思想として、ある価値が生み出されねばならなかった。そうして政教分離が、ヨーロッパの、とりわけオランダあるいはドイツ、イギリスといった地域で経験的に生み出され、それが制度化されて、ある意味では近代ヨーロッパの到達した英知という、そのような重みを与えられた上で世界に浸透していった。当時、一九世紀から二〇世紀にかけてであるが、ヨーロッパが政治・経済・軍事、あらゆる面で極めて強力であったので、日本を含めて各国が模範として学習し、制度的なものとして導入して行ったのである。

政教分離の理念は、根本的にはやはりキリスト教徒が生み出したものであり、特に西ヨーロッパにおける教派・宗派対立を超える知恵としての「政教分離」であって、実はそれをさらに普遍化すれば、「共生の思想」に至るというものではなかった。つまり、この理念が前提にしているのは、異なる宗教ではなく、異なる宗派であった。つまり、カトリックとプロテスタントは、同じ宗教の二つの宗派であるということになるのである。ロシアも西ヨーロッパも、キリスト教を共通の根底としているのだ。その意味でヨーロッパは、カトリックもプロテスタントも煎じ詰めればイエスの教え、キリスト教の教えにおいて共通しているではないか、その大元の原則まで遡って共生しようではないか、価値を共有しようではないかというところに戻ったとき、あの「政教分離」という方向が出てきたのではないだろうか。そう考えると、政教分離は、異なるもの、異なる価値観・体制——特に宗教においては差異が先鋭化するけれども——、それらを超える思想として出てきたのではないか、と私は理解している。そうしなければ、インドでの政教分離とはどういうものなのかが理解できなくなるのである。ただし、インドと簡単に言ってしまうと混乱が生じるが、ここではインドの現在を扱うときはインド共和国を、それ以外は歴史的に展開した諸王朝を漠然と表現している。

もちろん、形式的・政治的な意味で言えば、独立以降のインド共和国は一応体制的には政教分離なのであった。ジャワハルラール・ネルー首相やインディラ・ガンディー首相に代表される国民会議派は、世俗主義という近代的な制度を直輸入型で採ってきた。彼らの政権中枢部には、イスラーム教徒、キリスト教徒も少なくなかったが、それでも一九九〇年代まではその混成型でなんとかもちこたえてきたのだが、現在はＢＪＰ（インド国民党）——要するにヒンドゥー教至上主義を母胎とする、ヒンドゥー教が当然のように政治権力でなければ収まらない民族宗教的な組織——に回帰していって、結局西洋を模倣した政教分離はうまくいかなかった、といえよう。もっとも、ヒンドゥー至上主義を唱えるとはいえ、完全に異教徒を排除しているわけではない。多神教で、多様な価値観を緩やかに包括するヒンドウー教社会では、異質な存在を排除するという発想が弱い土壌であるが故に、政教分離そのものにはあまり関心がない、と言える。

その点で、セム的宗教の純粋形態とも言えるイスラーム主義に回帰したパキスタンなどは、明確に国民のほぼ全員がイスラーム教徒であり、政教分離の問題は現実的に問題とならない。

それよりも、むしろ宗派や部族対立へと問題が展開している。

いずれにしても、インドにおいてさきほど触れた「共生の思想」としての政教分離に通じるものを見いだすこと、これが本当の意味で、このテーマをめぐってインドを舞台に研究することになるはずだ、というのがここでの前提である。

4　梵我一如的融和思想の可能性――インドとイスラーム

それでは、インドにおいて異なる思想――宗教、宗派としてさまざまあるが――との共生を図ろうとする思想はあるのだろうか、ないのだろうか。あるとすれば、それはどこから出てきたものかと言えば、梵我一如――あらゆる個物（アートマン）と究極的真実（ブラフマン）、これらは実は一つであり、一体なのだという考え方――、こうした発想が紀元前六世紀辺りに登場する。極めて大雑把に言えば、このブラフマンという抽象概念を神格化した、ブラフマー神を中心に形成されているのが現在のヒンドゥー教という民族宗教であった。インド宗教思想では、このブラフマー神は、真理の具現化、つまり神の存在の前に真理があるという構造を持ち、また真理はすべてを含むという発想もその基本にある。その上で他の神々もすべてこのブラフマー神から生じる、あるいはその化身（権現）、つまり一部要素の現われという捉え方をするのである。これはなかなかにわかり難いのだが、比喩的にはインドで普通に見られるバーミヤン樹の形態を用いて説明されることになる。

バーミヤンは榕樹（ガジュマル）と言われるが、根が張ってきて、幹なのだか、根っこなのか、枝かがわからない。しかもそれぞれが半独立状態にもかかわらず、一本の樹木である、と。こうした、わかったような、わからないような視覚的な比喩を使って言われるのだが、要約すれば、インドはセム的宗教のように一元的な価値尺度を唯一の基準としてものを考えるのではない。それは例えば、下から昇って行って、天上にたどり着けば完成という構造ではなく、実はその天上に行き着いたら、いつの間にか最初に戻っていた、最初と変わらなかった、あるいはさらに上があったとか、登り口があったなどと複雑な多重構造をなしているのである。その中には、最終目的地が、出発点であったというような逆転の発想もある。

空海『十住心論』に、第一住心から始めて第十住心まで行ったら、そこに一から十までが入っていたというのがあるが、梵我一如とは西田幾多郎の「絶対矛盾の自己同一」ではないが、きっちりとした価値観を積み上げてはいくのだが、それは絶対ではなく、実はある特定の価値においてそういうものであったということ、そして、その価値を決めた決定的な価値、それすらも実は相対的なものであったというような……。そうだとすると、アナーキーな、いわば無価値論的な価値否定論になったということではないかと思われがちだが、それは逆で、すべての存在に意義があるからこそ、一元的な価値では量れない、というむしろ絶対肯定論とでも言うべきものなのである。それゆえに、インドの宗教は汎神論的と言われるのかもしれない。

いずれにしてもそうした柔軟な発想、すなわち垂直方向だけではなく、垂直であると同時に次には水平へと、行ったり来たりするような循環的な考え方を前提として梵我一如を語る。そうすれば、あらゆるものをそれ固有の位置において、それなりの統一性を持って語ることができるというように考えるのだ、と。

インドにおいては、基本的に政治と宗教、権力と王朝との対立はそれほど深刻ではなかった。これが、ヒンドゥー教――バラモン教からヒンドゥー教になるのだが――の生んだ様相である。バラモン教の時代はまだ梵我一如という哲学的な理念にとどまっていたのだが、バラモン教に対抗する存在である仏教が生まれ、さらに異質なるものの存在が実体化してくる。加えて、文明レベルで異なるギリシア人がインドに入ってくる、さらには異教徒・異民族が入り、インドに定着していく。その彼らを主として吸収したのが仏教であり、仏教はバラモン教をさらに超えて総合的になる。もちろん両教は、異質なるものを相対化しながら、共生思想を形成していくのだが、特に仏教は、ヴェーダを頂点とする一元的な体系、つまりヴェーダ一元主義に対抗する、いわばプロテスタント的存在であった――ただし方向性はむしろ逆であったが。それゆえに、多様な価値観の共生関係を構築する思想を必要とするが、それが無我であり、さらに強くこれを概念化したのが空の思想であったのではないか。

というのも、空の思想であれば、個別のものを超えた絶対的な真実から個別性が出てくる。すでに触れたように、ヨーロッパであればキリスト教という共通点を共有し、そこまで戻ればいろいろな違いは均して共有できる、共存できるということがあったように、インドの場合も、あらゆるものはブラフマンの一部、あるいは真実の一部ではあるが、それらは絶対真理そのものではない、それゆえに個々の存在はそれぞれに意味を持ち、そのうちのどれか一つが真理であるというようなことはない、ということになる。

つまり個々の存在は、いろいろなものとの関係によって存在する。それゆえに、視点や立場が変われば、それぞれ異なるのだというような発想が出てくる。そして、これが空の思想として展開されてきたのである。ということは、空の思想においては、対立・排除ではなく、協調・共生の方に重心が移り、その方向に発想が展開することになる。仏教、特に大乗仏教はこの空の思想を中核に、異なる価値世界に進出したのである。対立よりは――対立すると、どうしても暴力で排除することになるがゆえに――、融合と共存を志向し、融和共生の思想を世界に展開した、と理解することはできる。ただ、筆者はインド学者なので、インドを理想化するという面はなきにしもあらずだと自戒するところはある。

5　インド的なるものの真価から生まれたイスラームの共生思想

さて、話題をインド亜大陸（南インド）に戻すと、仏教にしても、またジャイナ教、バラモン教、後のヒンドゥー教にしても、その宗教形態は多様ではあるが、いずれもインドで生まれている。この点では、キリスト教がヨーロッパ全土で共有されているというのと同じレベルの話になる。つまり、共通の価値観を共有しているということなのだ。

インドにおける共生思想の真の独創性は、そこにイスラームが伝播し、定着して以降に見いだせる。パールシー以外にも、小規模な宗教が入ってはくるのだが――いずれも小さなグループなので、取り上げるに値しないレベル――、イスラームは八世紀の初頭に入ってくる。その地は、イスラーム教が最も嫌う多神教であり、しかも偶像崇拝もする。彼らから見れば、法も秩序もない、まさに野蛮人の世界であった。そうした価値を共有しえない人たちとともに住まなければならなかったのである。イスラーム教徒は為政者として、彼らと否応なく向き合わねばならなかった。まさに国家として、あるいは為政者としてのイスラーム教徒が、その地で大多数を占めるヒンドゥー教徒たちと、どのような関係を造り上げていかねばならないかという、本当の意味での思想的な葛藤が始まるのである。

同時に、多数派であり、ネイティブなヒンドゥー教の側にも同様な葛藤が生じる。すなわち、他の地域であれば、武力で彼らをなぎ倒し、イスラーム化していくことの多かったイスラーム教徒なのだが、インドの場合は例外的と言っていい――あるいは現在も、イスラーム化が進行中だと言えば、それまでなのだが――、イスラームが少数派という社会が続く。

もっとも、イスラーム進出の初期においては、共生も共存関係もまったく考慮されなかった。周知のように過酷な支配が、社会的な共生も、思想的な融和も生み出ださせなかったのである。そんな中で、「神はなぜ、ヒンドゥー教を造ったのか？　そこにどんな意味があるのか？」ということを追求するスーフィズム、インド的スーフィズムが生まれる――西の方にもスーフィズムはあるが、インドのスーフィズムは極めて多神教徒に融和的である特徴があった。彼らは、多神教のヒンドゥー教徒とすら共生していこう、一緒にやっていこうという新しいイスラームの流れを創り出す。

実はイスラームにも、ある種の共生思想として「ガファラ」という考え方がある。これは、一種の太っ腹と言うべきか、異質な者たちを認めるという共生の原理なのである。『コーラン』の解説書によれば、「ちりがすべてを覆うような心の広さ」とある。これは砂漠地帯では、砂によってあらゆるものが埋まってしまい、あらゆるものが砂に覆われて、砂以外は見えないという状態――日本で言えば、雪のようなものである。つまり、雪原を見渡せば、見えるのは雪ばかり――を意味する。この砂（雪）をイスラームに置き換えると、すべてがイスラーム教一色のように見えるけれど、実はその下には家――異教徒、つまりヒンドゥー教など――はあるが、それは気にしない、という大らかな心持ちを意味するのである。つまり、現実に存在する異質なるもの、つまり異教徒はそのままにしておいて、見て見ぬふりができる大らかさ、太っ腹が美徳とされている。これが、イスラーム圏でよく言われるイスラームの寛容であり、共生の思想なのである。

しかしこれは、個々人の選択に任されるレベルのもので、誰かが「俺は許さない」と言えば、すぐに様相は変わる。昨日まで許されたものが、王が変われば即刻帳消しとなる。しかし、そういう個々人の一種の倫理観に任されるレベルのことではなく、もっと基本的な部分で、お互いの信仰の違いを超えた精神性というものがあるはずである。そうしたものは実は神が造ったものであり、その神をアラーと言うのがイスラームであって、ブラフマンと言うのがヒンドゥー教なのだ、というイスラームの教理解釈である。これは、単なる倫理レベルのことではなく、イスラーム教義の根本的な解釈の可能性を広げた思想であり、つまりイスラームとヒンドゥー教とは、二つの異なった河には違いないが、このインドという大地で一つになる、と。ムガル王朝のダーラー・シコーという悲劇の王子がおり、彼はそのことを象徴的に表現したと言われる。

こうした発想がインドのイスラームにおいて登場するが、その際にはヒンドゥー教とイスラーム教とは互いに根源的なレベルで一致している、精神的な深いレベルで一体化しているとされる。両者の相違は、見て見ぬふりをするべきものではなく、お互いに理解しあえるもの、さらには本来一つのものであるというところまで思想を練り上げたのである。

いずれにしても、そうしたインドの融和思想・寛容思想が、東南アジアの比較的穏当なイスラームを造り上げているのである。西アジアのイスラームとは、この点が大きく異なっている。このような地点に、インド人のイスラーム教徒が到達した背景には、やはりインドの融和思想が具えていた要素――すべてのものは、表面的なかたちは違うけれど、根底では真理につながっている、という梵我一如、空の思想――、その根本が共有されていたのではないか、と私は考える。これを再評価することで共生は可能である、と。実は私自身、西洋の政教分離思想というものも、おそらくはそれと同じ質と水準のものを求め、現在もなお考え続けているということなのではないかと考えている。

残念なことだが、インドにおけるイスラームもその後、大きく揺れ動き、結果的には対立構造の方が強く際立つのだが、それでもこのインド発のイスラームの融和思想的傾向は、南アジアや東南アジアのイスラームを極めて融和的なものとし、イスラーム社会を形成する上で大きな功績があった。このインドの融和的イスラームこそ、スーフィズムなのであって、これがどこから出てきたかと言えば、実は中央アジアが主なのである。

中央アジアは、仏教が極めて盛んであったところで、多くのスーフィーがチムールなど、さまざまなルートでインドに逃げてくる。そのように逃亡してきてインドで活躍するスーフィーの聖者たちの先代、先々代は仏教徒が多いというわけである。これはつまりインドにおける――ここからは私の手前みそであって、文献による実証は部分的にはできるとしても、筋道を立てて論証することはできていない――、仏教的な空の思想、そうしたものがイスラーム信仰と融和したところから発生したのではないかと考えられる。スーフィズムの霊性を体得した人たちがインドにくる。すると、自分たちが目指していたもの、その宗教性・精神性が、中央アジアのこの地域で独自の展開をしていたことを発見するといった具合に、相互に極めて生かし易かったのではないか。インドから東南アジアに、スーフィーとともにその思想が流れていくといった導線があったゆえに、スーフィズムと仏教的なるものとの間に、独自の対話と影響関係が生まれたのではないか。

いずれにしても、多神教徒とさえ、同等に共生できるというイスラームの可能性を思想的に導き出したインド・イスラームの思想には、人類史的にも大きな意義があると言えるのではないだろうか。もちろん、それを支えたインド思想は、さらに大きな可能性を持つと考えられるのだが。

二一世紀の今後に、世界平和が問題になるとすれば、多様な紛争や対立の構図はあるにしても、そこでの最も重大な懸案は、イスラームとの共生ということになるのではないだろうか。

そこで、歴史的にインドで培われたヒンドゥー・イスラーム共生思想に、近代西洋文明がたどり着いた政教分離という共生思想に通底する、さらにはより普遍的な思想の可能性を見いだしうるのではないだろうか。少なくともそこに何らかのヒントがあるのではないだろうか、と考えている。「共生」の意味を大きくとるとすれば、「政教分離」もそうしたテーマの範疇に入るのではないか。そして、それは二一世紀的には、イスラームとの共生という課題、そうしたものにも応用が可能なのではないか、少し大風呂敷でとりとめもないかもしれないが、私はそのように考えている。

あとがき

本書の出版は、正直なところ筆者にとってまさに「青天の霹靂」、あるいは「寝耳に水」であった。というのも本書に収録した文章は、このようなかたちで公にすることを目指したものではなく、筆者の四〇年に及ぶ研究活動の結果得られた、一種の直感を文章化したものであり、学術論文のような厳密な作法で書いたものではなく、むしろ随想のような自由な気持ちで書いたものだからである。

筆者は長年研究者の端くれとして研究生活を送ってきたが、その結果、世に問える成果もいくつかあげることができた。しかし、それらはいわばアカデミズムの常識とも言うべき先行研究を前提として生み出されたものである。それゆえアカデミックな世界の常識の上に成り立っているものである。その意味で、国内外の恩師や諸先輩の研究成果を下敷きにしてきた。

とはいえ筆者は、インドの少数宗教であり、日本ではほとんど紹介されてこなかったシク教の研究者として出発したがゆえに、あまり先行研究を気にすることなく、研究生活を送ってきた。つまり、比較的自由な発想や方法論で研究をし続けることができたのである。この幸運な環境は、恩師中村元先生の公私にわたるご支援によるものである。しかし、この幸運な環境で培った自由な発想から、他の研究領域に目を転じたとき、各領域における伝統的解釈に、大きな偏りや不足領域があることがどうにも気になりだした。いわば、岡目八目ということになるだろうか。

つまり、常識化した前提が持つある種の限界とでも言うべきものに関心が湧いたということである。特に、本書で扱った、「インド仏教の衰亡」原因に関わるテーマは、従来本格的な研究テーマとして取り組まれることはほとんどなかった。しかし、インドにおいて仏教が実質的に消滅したことは厳然たる事実であることも、常識であった。このように書くと、「いや、インドで仏教は滅んでいない。ヒンドゥー教の中にきちんと生きている」というインドの研究者からの反論もある。確かに、現在のヒンドゥー教の中には、仏教の開祖ゴータマ・ブッダが、ヴィシュヌ神の化身としてその宗教体系の中に包摂され、それなりに信仰されている。

しかし、ブッダのそうした位置づけは、ヒンドゥー教徒を惑わす、いわば悪神というものである。もちろん、ヒンドゥー教における悪神は、一神教的な善悪二元論ではないので、悪神もきちんとした神として、その肯定的な意味を与えられており、崇拝もされている。ただし仏教は、ゴータマ・ブッダが中心となって造り上げた教団であり、バラモン教やヒンドゥー教とは別の独立した宗教教団として、とりわけその教団の独自性や存在を強く認めているわけではない。もちろん本書で紹介したように、「宗教」という定義そのものが近代西洋文明の所産であるから、仏教がその定義にぴったり適合するわけではないことは明らかだ。とはいえ、インドにはかつてあったような仏教独自の寺院も、教育施設も途絶えていたことは事実である。筆者が問題としたのは、この独立した仏教教団が、何故衰亡したのかという点である。

その点に関してこれまでの研究は、イスラーム教の暴力、あるいは仏教のヒンドゥー教回帰、あるいは教団を支える団体の衰退などによって論じられ、それ以上の検討は不十分であった。しかし、筆者のインド生活体験や仏教研究においてはあまり触れることができなかったインド・イスラームの文献などの検討から、より広域で、かつ厳密な研究の必要性が浮かび上がってきた。特に、仏教の衰亡に深く関わるイスラームの史料の検討が、本研究テーマには不可欠であるとの視点から、改めて「仏教の衰亡」というテーマを扱った結果が、拙著『インド仏教はなぜ亡んだのか――イスラム史料からの考察』（北樹出版、二〇〇四年）であった。そこには、仏教徒たちが、集団でイスラームの信仰を受け入れたということが記されている。つまり、仏教徒の改宗ということが書かれているわけである。しかも、かつて仏教が盛んであった地域の多くが、現在はイスラーム教地域になっている。

これらの事実を、いかに解釈すべきか？　前著作では事実そのものを文献に読み取れる範囲で考察したのであるが、結果として仏教徒が、バラモン教――後にヒンドゥー教――を裏切ったというような解釈になってしまった。もちろん、異なる宗教への改宗、つまり棄教と入信とは、どんな場合もそのようなものである。しかし、この仏教徒の行為は、同じ仏教を奉じる典型的な日本人である筆者にも納得がいかなかった。

この現実に忸怩たる思いを懐いていたとき、比較文明学の泰斗であり、長年、ご指導いただいてきた伊東俊太郎先生から以下のような指摘を頂戴した。それは筆者が仏教の聖典などを引用するとき、中村元先生の訳を引用させていただいていることに関して、「なぜ中村先生の翻訳をそのまま引用するのですか」といったご指摘であった。そのとき筆者は、自らの専門とは言えないパーリ語の検討でもあり、「中村先生の理解を超えられないので、そのまま引用させていただいております」とお答えした。すると、伊東先生から、「それは違いますよ。それでは中村先生もお嘆きになりますよ」とのお言葉があった。

確かに、筆者は中村先生の多くの研究を基礎にしてきたが、その仕方では私自身の研究者としての独自性は生まれず、結果として中村先生の学恩にも報いることもできないのだと、そのときにはっと気づいた。そこで、専門外の領域であっても原典にあたり、試行錯誤していると、不思議なことにさまざまな気づきをえることができたのである。その一つが、本書のいわば中心テーマともなっている、「梵天勧請の教え」解釈である。この教えの重要性は、服部正明博士もインド思想の立場から指摘されているが、筆者はこれを仏教の根本を貫く教えではないかと捉えている。特に梵天勧請の教えは仏教がインドに生まれて、ほとんどユーラシア全土に伝播し、各地で大きな影響力を持つに至る、その原動力となった根本構造を形成した。少なくともそのことを象徴した教えであった。しかし同時にその「教え」は、仏教がインドや中央アジアで消滅した理由ともなったのではないか、という結論をえたのである。

この結果によって、筆者の疑問は大筋で解消できたと考えている。詳しい検討は本文をご覧いただきたいが、ここに載せた論文はいずれも筆者が所属する中央大学政策文化研究所のプロジェクトの成果として、『総合政策文化研究所紀要』に掲載したものと、その原型となったものとであり、その意味では思考の軌跡を書いたもので、いわば試論レベルのものである。言うまでもなく、その結論や論証の客観性等には、それなりの自信はあるが、それでもさらなる検討が必要な内容もある、と考えていた。

そのような時だ。ぷねうま舎の中川和夫氏が大変興味を持ってくださり、あれよあれよという間に、出版となった。それゆえに、冒頭に書いたように本書の出版は、筆者にとっては「晴天の霹靂」なのである。

というのも、こうした一連の関係は、中村元先生の門下生であり、また研究者として、私の大先輩でもある末木文美士東京大学名誉教授が、「未来哲学研究所」のシンポジウム企画「国家と宗教」に筆者を招聘してくださった結果でもある。そのときの発表内容は、本書の末尾に、終章として掲載されている。

いずれにしても、今回の出版は、「青天の霹靂であり」、また前述のようにまさに「瓢箪から駒」という言葉がおよそぴったりな不思議なご縁の下に世に出していただいたものである。何分、新視点満載で、未熟な部分も少なくないが、自由に文献にあたり、独自の視点から常識に沿いつつも、それを批判的に継承する姿勢が、新しい道を開くという可能性を、わずかなりとも示すことができたとすれば幸いである。

このような未完成とも言える論考を出版してくださるという、おそらくはかなりな冒険を厭わない中川和夫氏に感謝し、あとがきとしたい。

二〇二三年六月二六日

著者識

保坂俊司

1956年，生まれ．専攻，インド思想，比較宗教学，比較文明論．早稲田大学社会科学部，同大学院文学研究科修士課程修了．デリー大学に学び，東方研究会・東方学院講師，また中村元東方研究所理事を歴任．現在，中央大学国際情報学部教授．
著書，『シク教の教えと文化——大乗仏教の興亡との比較』（平河出版社，1992），『仏教とヨーガ』（東京書籍，2004），『国家と宗教』（光文社新書，2006），『グローバル時代の宗教と情報——文明の祖型と宗教』（北樹出版，2018），『インド宗教興亡史』（ちくま新書，2022）ほか．

仏教興亡の秘密
仏教を導いた語りえぬものについて

2023年8月25日　第1刷発行

著　者　保坂俊司《ほさかしゅんじ》

発行者　中川和夫

発行所　株式会社ぷねうま舎
〒162-0805　東京都新宿区矢来町122　第二矢来ビル3F
電話　03-5228-5842　　ファックス　03-5228-5843
http://www.pneumasha.com

印刷・製本　真生印刷

ISBN 978-4-910154-47-3　　Printed in Japan